Heinrich Hansjakob

Hermann von Vicari - Erzbischof von Freiburg

zu dessen hundertjähriger Geburtsfeier

Heinrich Hansjakob

Hermann von Vicari - Erzbischof von Freiburg
zu dessen hundertjähriger Geburtsfeier

ISBN/EAN: 9783743456204

Hergestellt in Europa, USA, Kanada, Australien, Japan

Cover: Foto ©ninafisch / pixelio.de

Heinrich Hansjakob

Hermann von Vicari - Erzbischof von Freiburg

Deutschlands Episcopat
in Lebensbildern.

I. Heft.

Hermann von Vicari,

Erzbischof von Freiburg.

Zu dessen hundertjähriger Geburtsfeier

von

Dr. Heinrich Hansjakob.

Würzburg 1873.

Leo Woerl'sche Buch= und kirchl. Kunstverlagshandlung.

I.

Es war ein äußerst zeitgemäßer Gedanke, dem der hoch= würdigste Bisthumsverweser der Erzdiöcese Freiburg in seinem Hirtenschreiben vom 7. April d. J. Ausdruck verlieh, und wo= durch er auf den 13. Mai eine Festesfeier in seinem Sprengel anordnete, zur Erinnerung an den hundertjährigen Geburtstag des Erzbischofs und Metropoliten Hermann von Vicari. Wenn irgend eine Zeit geeignet ist, das Andenken von Männern zu feiern, die als Leuchten der streitenden Kirche Gottes auf Erden geglänzt haben, so ist es die unsrige; und wenn je in Tagen es Noth thut, an der Kirche frühere Kämpfe und Siege zu erinnern, so sind es die unsrigen. In unsern Tagen, wo auf der einen Seite der Absolutismus des modernen Staates, Staatsvergötter= ung und auf der andern Seite Servilismus und Knechtssinn Alles zu überwuchern drohen, da müssen wir Männer suchen und ehren, die mit Freimuth und Charakterfestigkeit eingetreten sind für die Freiheit der katholischen Kirche und damit für die Freiheit der ganzen menschlichen Gesellschaft.

Ein solcher Mann aber war vor Allen der neuesten Zeit der verewigte Erzbischof von Freiburg. So lange in Europa noch ein Sitz des Christenthums und der Civilisation bleibt, wird die Geschichte von einem Manne sprechen, welcher in dem großen Wendepunkt der Zeiten, da unter seinen Augen die alte Ordnung der Dinge zusammenbrach, und Europa unter den Blitzen und Stürmen der ersten Decennien dieses Jahrhunderts nach einer neuen Ordnung suchte, für die Kirche, die ihre äußere Stellung in Deutschland wie in dem größten Theile des Abend= landes eingebüßt hatte, eine neue Stellung zu erobern unternahm.

Selbst noch aus der alten Ordnung hervorgegangen, hat er mit wunderbarem Scharfblicke die Aufgabe der Kirche in den neuen Verhältnissen gekannt und ist mit bewundernswerthem Heldenmuth für die Vertheidigung der großen Güter eingestan= den, welche er aus der zweitausendjährigen Geschichte der Kirche und aus seiner eigenen, beinahe ein Jahrhundert umfassenden Erfahrung als das einzig wahre Heil der Menschheit erkannt hat.

Einen solchen Mann immer und immer wieder dem katho= lischen Volke vorzuführen, Priester und Laien zu erinnern an seinen Heldenmuth und sie zu gleicher Gesinnung zu begeistern, das ist auch die Absicht und der Zweck der in der Erzdiöcese Freiburg angeordneten und im ganzen katholischen Deutschland geistig mitzufeiernden Säcularfeier. „Zweifelsohne", sagt der hochwürdigste Bisthumsverweser, „wird das hundertste Wiegenfest unseres unvergeßlichen Oberhirten eine reiche Quelle des Gottvertrauens, der Erhebung, Erbauung, Stärkung und des Trostes, und gleichsam ein Unterpfand sein, daß der Herr den gegenwärtigen Kämpfen und Bedrängnissen seiner Kirche einen sieg- und freudenreichen Ausgang zum Wohl der ganzen Gesellschaft verleihen wird."

Der gleiche Kampf, den Hermann von Vicari im kleinen Baden gekämpft, ist jetzt gegen die Kirche im größten deutschen Lande und damit, wie leicht vorauszusehen, im ganzen Reiche entbrannt. Der Kampf ist ungleich größer, die entgegenstehenden Gewalten viel mächtiger — aber die Männer, wie Hermann von Vicari, auch zahlreicher. Der gesammte deutsche Episcopat ist in dem großen Kampfe unserer Tage von gleichem Muth, von gleichem Geiste und von der gleichen Standhaftigkeit beseelt — wie ehedem Hermann von Vicari. „Stabunt magna in constantia!" Und das ist unsere Zuversicht — das unser Sieg!

Auf dem gleichen Boden, auf dem ein Clemens August von Cöln, dessen hundertjähriger Geburtstag (21. Januar) ebenfalls in unser so bedeutungsvolles Jahr 1873 fällt, auf dem ein Hermann von Vicari für die Freiheit der katholischen Kirche gekämpft, gestritten und gesiegt haben — auf demselben Boden werden alle deutschen Bischöfe, voran die preußischen, kämpfen, leiden und — siegen!

Mit voller Wahrheit hat darum der ehrwürdige, greise Herr von Gerlach im preußischen Landtag „seine letzte Hoffnung auf die deutschen Bischöfe gesetzt", daß sie retten würden die Freiheit nicht blos der katholischen, sondern der ganzen christlichen Kirche.

Wenn wir im Folgenden das Leben Hermann's von Vicari betrachten, so werden wir finden, wie ganz ähnlich die preußischen Gesetzentwürfe den Verordnungen und Gesetzen der ehemaligen badischen Regierung sind, zur Zeit, als der Erzbischof den Kampf gegen das Staatskirchenthum aufnahm.

Es treten ganz dieselben Gedanken, dieselben Forderungen, dieselben Absichten zu Tage, wie jetzt. Nur hat sich die Staatsomnipotenz seitdem noch mehr ausgebildet, und das „Ungeheuer": Staat, wie ihn Herr von Gerlach nennt, hat bereits Alles absorbirt. Der einzige noch nicht absorbirte Organismus in der Gesellschaft, die katholische Kirche, die soll jetzt an die Reihe kommen. Es steht nun die Wachsamkeit der Bischöfe und — die Verheißung des göttlichen Stifters der Kirche: „Non praevalebunt" — sie werden sie nicht überwältigen — noch im Wege.

Als Joseph II. so rasch und gewaltig gegen die katholische Kirche vorging, schrieb ihm der damalige Erzbischof von Trier, Clemens Wenzel, Prinz von Sachsen:

„Ich freue mich aufrichtig, daß ich nach dem Beispiele der Apostel würdig befunden wurde, um des Namens Jesu willen Verfolgung zu leiden, und ich sage es mit aller Freimüthigkeit des Amtes, das mir anvertraut ist: So groß auch jetzt die Festigkeit sein mag, womit Sie entschlossen sind, gegen die Kirche vorzugehen, so werden einst Tage kommen, wo Sie darüber untröstlich sein werden."

Joseph II spöttelte über diesen Brief — schließlich aber behielt der Erzbischof Recht. —

Und nun zum Leben des großen Erzbischofs von Freiburg:

II.

Hermann von Vicari ist geboren den 13. Mai 1773 zu Aulendorf in Oberschwaben, wo sein Vater gräflich Königsegg'scher Oberamtmann war. Der Vater hieß Pantaleon von Vicari, die Mutter Maria Pfiffer von Altishofen. Sie starb, als Hermann 13 Jahre alt war. Auf dem Sterbebette rief sie dem Sohne zu: „O Herrmann, bedenke doch dein ganzes Leben: was nützte es dir, wenn du die ganze Welt gewännest, aber an deiner Seele Schaden littest." Diese Worte machten einen tiefen Eindruck auf Hermann. Seine ersten Studien machte der junge Vicari[1]) in den Benedictinerabteien Weingarten und Schussenried und später am Lyceum zu Constanz. Schon während der Lycealstudien verlieh ihm das Constanzer Domcapitel ein Canonicat am dortigen Stift St. Johann. Philosophie studirte er sodann am Jesuitencollegium zu Augsburg, von wo er sich nach Wien begab, um nach dem Willen seines Vaters die Rechtswissenschaft zu studiren. Als er von da im Jahre 1795 zurückkehrte, führte ihn sein Vater als Jurist ein, aber die Neigung zum Priesterstande bewog ihn, mehrere ehrenvolle Beamtenstellen auszuschlagen. In dieser Zeit seiner juristischen Praxis, als Gesandschafts-Secretär bei dem schwäbischen Kreisconvent in Augsburg und Ulm, unterzog er sich den strengen Prüfungen in Dillingen, wodurch er am 12. Mai 1797 die Doctorwürde beider Rechte erhielt. Nach dem Tode seines Vaters verließ er den weltlichen Beruf und widmete sich im Seminar zu Constanz ganz dem

---

[1]) Schon frühzeitig zeigte sich an ihm der Schutz Gottes. Als er nämlich in seinem zweiten Lebensjahre durch Nachlässigkeit seiner Wärterin vom Tische fiel, contract wurde und alle ärztliche Hilfe umsonst schien, stellte Gott dem Kinde auf das Gebet seiner frommen Mutter plötzlich und wunderbar die Gesundheit wieder her. Dasselbe geschah, als ihn im Alter von 16 und 24 Jahren ein zweimaliger und heftiger Blutsturz befiel und sein Leben unrettbar verloren schien. Auch andere gefährliche Krankheiten machte er in seiner Jugend noch durch. Doch Gott erhielt ihn und ließ ihn ein fast 100jähriges Alter erreichen.

Studium der Theologie. — Am 1. October 1797 wurde er von dem Weihbischof, Freiherr von Baden, zum Priester geweiht und zu gleicher Zeit in das ihm schon früher verliehene Canonicat eingesetzt. Fürstbischof von Dalberg ernannte ihn 1802 zum Assessor bei dem bischöflichen Regierungscollegium zu Constanz und nach wenigen Tagen zum geistlichen Rathe. Als solcher entwickelte er eine so außerordentliche Geschäftstüchtigkeit, daß ihn der Fürstprimas im Jahre 1816 zum Official der bischöflichen Curie machte, in welcher Eigenschaft er bis zum Ende des alten Constanzer Bisthums im Jahre 1827 thätig war. Bei Errichtung des Erzbisthums Freiburg ward er als Domcapitular und Generalvicar dahin berufen; im Jahre 1730 sodann zum Dombecan ernannt und den 8. April 1832 als Bischof von Macra zum Weihbischof geweiht. Nach dem Tode des Erzbischofs Bernard, sowie nach dem Ableben Demeters war er Bisthumsverweser. An Stelle des Demeter ward er am 15. Juni 1842 zum Erzbischof von Freiburg und Metropolitan der oberrheinischen Kirchenprovinz einstimmig gewählt, zum großen Jubel Freiburgs, das ihm einen der großartigsten Fackelzüge brachte. Am 30. Januar 1843 wurde er vom Papste präconisirt und am 26. März desselben Jahres mit dem erzbischöflichen Pallium bekleidet.

Werfen wir hier einen kurzen Rückblick auf die Entstehung der Erzdiöcese, welcher Vicari als dritter Erzbischof vorgesetzt ward und auf die Stellung der Freiburger Metropoliten zur badischen Regierung: -

Im Jahre 1801 hatte Markgraf Karl Friedrich durch den Frieden von Luneville seinen Antheil an der Grafschaft Sponheim und verschiedene andere Besitzungen auf der linken Seite des Rheines verloren und als Entschädigung dafür im Jahr 1803 das Bisthum Constanz, den größten Theil der Pfalz, die Reste der Bisthümer Straßburg und Basel, zwei hessische Aemter am Oberrhein, elf Stifte und Abteien und sieben Reichsstädte erhalten.

Im Jahre 1805 fiel sodann durch den Frieden von Preßburg die Stadt Constanz, das Breisgau, die Ortenau und bald hernach durch die Rheinbundacte der Odenwald, die Baar, das Klettgau und der größte Theil des Fürstenthums Fürstenberg, das Fürstenthum Heitersheim u. a. an das Haus Baden. So hatte Markgraf Karl Friedrich, der, als er die Regierung antrat, noch keinen katholischen Unterthanen hatte, in sein Großherzogthum zwei Dritttheile Katholiken mit einer Seelenzahl von 905,143 bekommen.

Am 11. Februar 1803 erließ nun Karl Friedrich das erste Organisationsgesetz, wodurch der katholischen Kirche die freie Religionsübung, Besitz ihres Kirchenvermögens und Ausübung ihres Cultus unbestritten gesichert ward.

Doch schon drei Tage darauf, am 14. Februar 1803 erfolgte ein Gesetz über die Aufhebung der Klöster und Stifte; was der katholischen Bevölkerung nicht nur nicht erfreulich, sondern, und dies namentlich für den Schwarzwald, dessen Bewohner ihre Schulen und manchen Nahrungszweig den Klöstern zu verdanken hatten, ein großes Unglück war.

Karl Friedrich selbst hatte dies gefühlt und seinen Nach= folgern empfohlen, Aenderungen dieses Gesetzes, wenn sie deren verfügen wollten, nur zum kirchlichen Wohle der Katholiken und zu ihrer Beruhigung zu machen.

Als im Jahre 1806 das deutsche Reich sich aufgelöst hatte, wurden die politischen Rechte im Großherzogthum Baden durch sogenannte Constitutionsedicte festgestellt. Das erste derselben, vom 14. Mai 1807, betrifft die kirchliche Staatsverfassung des Landes und sollte für alle Confessionen, ohne Unterschied gelten; griff aber am meisten in die katholische Kirchenverfassung ein; denn es hob die Kirchengewalt fast vollständig auf und unter= warf dem Staate die Gerichtsbarkeit der Kirche und die Er= nennung der Seelsorger; es legte der weltlichen Regierung das Recht bei, kirchliche Anstalten nach Willkühr zu ändern oder auf= zuheben und die Wirksamkeit der Geistlichen zu bestimmen und selbst gegen die kirchliche Oberbehörde einzuschreiten. Ein ge= treues Vorbild der Falk'schen Gesetzesentwürfe. Die landesherr= lichen Rechte in Kirche und Schule übte die seit 1803 geschaffene „Kirchencommission" aus, später mit dem Titel „Kirchen= department" (1809), „Kirchensection" (1812) — in Zukunft „geistlicher Gerichtshof" in Berlin!

Sie bestand aus bureaukratischen Beamten und einigen freigeisterischen Geistlichen — übte aber, namentlich seitdem die Herren in Karlsruhe noch durch die Neuerungen des General= vicars von Wessenberg unterstützt wurden, bald alle bischöflichen Rechte aus.

Es war daher auch ganz natürlich, daß der Papst nach dem Tode des letzten Bischofs von Constanz, Dalberg, die Wahl Wessenberg's zum Bisthumsverweser von Constanz, im Jahre 1807, verwarf und verwerfen mußte. Gleichwohl führte be= kanntlich Wessenberg, gehalten von der badischen Regierung, die geistlichen Geschäfte als Verweser in Constanz fort.

Nun trat im Jahre 1818 zu Frankfurt eine Conferenz zu= sammen, um die kirchlichen Angelegenheiten mit Rom zu verein= baren. Es waren die Vertreter der Regierungen von Würtem= berg, Baden, den beiden Hessen, den sächsischen Häusern, Mecklen= burg, Oldenburg, Nassau und der freien Städte Frankfurt, Bremen und Lübeck.

Eine Folge dieser Frankfurter Conferenz war die Erricht= ung der jetzigen sogenannten oberrheinischen Kirchenprovinz. Freiburg, wohin der Bischofssitz von Constanz verlegt werden sollte, wurde zum Sitz des Erzbischofs dieser Provinz bestimmt. Papst Pius VII. bestätigte dies durch Bulle vom 16. Aug. 1821.

Sofort handelte es sich um die Wahl eines Erzbischofs, die auf Befehl des Großherzogs im Februar 1822 durch sämmtliche Decane der Diöcese stattfand und zuerst auf Herrn von Wessenberg und, als dieser abgelehnt hatte, auf den Professor Wanker an der Universität zu Freiburg fiel. Der Papst verwarf jedoch die Wahl, weil sie auf kirchlich unzulässige Weise stattgefunden, und Dr. Wanker starb indessen.

Jetzt zogen neue Verhandlungen zwischen Rom und der badischen Regierung die Neuwahl hinaus bis zum Jahre 1827, wo durch eine Bulle Leo's XII. vom 11. April 1827 eine Vereinbarung zu Stande kam, worauf der Großherzog Ludwig sofort den seitherigen Münsterpfarrer in Freiburg, Dr Bernard Boll, zum Erzbischof vorschlug. Boll wurde vom Papste bestätigt und zog am 21. Oktober 1827 als erster Erzbischof in Freiburg ein. Er war ein sogenannter „Friedensbischof", und doch kam unterm 30. Januar 1830 eine Kirchenverordnung von der Regierung heraus, die den nächsten Anlaß gab zum Kirchenstreit, der unter Erzbischof Hermann ausbrach.

Die Hauptpunkte dieser das Recht und die Freiheit der Kirche bedrohenden Verordnungen waren folgende:

1) Der Staat hat das Oberaufsichtsrecht über die Kirche im vollen Umfange.

2) Alle vom Erzbischof und den übrigen kirchlichen Behörden ausgehenden allgemeinen Anordnungen, Kreisschreiben ꝛc. an die Geistlichkeit und die Gläubigen unterliegen der Genehmigung des Staates. Selbst solche allgemein kirchliche Anordnungen, die rein kirchliche Gegenstände betreffen, sind der Staatsbehörde zur Einsicht vorzulegen und dürfen nur nach erfolgter Staatsbewilligung kund gemacht werden.

3) Alle Schreiben (Bullen, Breven ꝛc.) vom Papste müssen, ehe sie kund gegeben werden, die landesherrliche Genehmigung erhalten und selbst schon angenommene Schreiben des Papstes haben nur Gültigkeit, so lange es der Staatsgewalt beliebt.

4) In keinem Falle dürfen kirchliche Streitigkeiten außerhalb der Kirchenprovinz ausgemacht werden. (Also der Papst hat nichts mehr darein zu reden.) Dagegen können

5) Geistliche und Weltliche gegen kirchlich = richterliche Urtheile Recurs ergreifen an die Landesbehörde.

Wir sehen, es gibt nichts Neues unter der Sonne; was Dr. Falk und seine Rechtsbeistände gegen die Kirche geplant, ist nur eine Copie altbadischer Erlasse!

Natürlich mußte Erzbischof Bernard gegen solche Verordnungen protestiren, was auch unterm 10. Februar 1830 geschah; auch der Papst Pius VIII. that in einem Schreiben vom 30. Juni d. J. an die Bischöfe der oberrheinischen Kirchenprovinz dasselbe. Er klagt darin, daß die Kirche durch jenen Act weltlicher Gewalt in höchst schmähliche Knechtschaft gebracht sei, und fordert die Bischöfe auf, sofort gegen dieses Aergerniß aufzutreten. Ebenso protestirte Papst Gregor XVI. und forderte die Bischöfe wiederholt auf, die kirchlichen Rechte zu wahren.

Indeß war Großherzog Ludwig mit Tod abgegangen und Großherzog Leopold bestieg unterm 30. März 1831 den Thron. Allein, trotzdem er seinem Volke mit Liebe entgegen kam, so konnte er doch nicht die rücksichtslose Reaction, welche die liberale Partei in der zweiten Kammer gegen die Regierung ausübte, aufhalten.

So kam es auch, daß die Protestation des Erzbischofs um= sonst war. Die katholische Kirchensection ging ihren Gang, wie die Verordnung von 1830 ihn vorschrieb. Der Bischof durfte Priester weihen und die heilige Firmung ertheilen — alles Uebrige besorgten die Bischöfe in Karlsruhe.

Ja selbst unter den Augen des Erzbischofs durften Pro= fessoren der Theologie an der Universität Freiburg nicht nur die katholische Religion, sondern selbst das Christenthum angreifen — und blieben doch trotz aller Vorstellungen des Erzbischofs noch Jahre lang im Amte, gehalten von der Kirchensection, be= ziehungsweise vom Ministerium [1]).

Unter diesen Umständen war es wohl nicht zu wundern, wenn Erzbischof Bernard, dessen Kraft — der war damals 82 Jahre alt — nicht mehr reichte zum entschiedenen Kampfe, am 29. Sep= tember 1835 dem Papste seine Lage schilderte und seine Würde in dessen Hände niederlegte, damit ein kräftiger Nachfolger ihm gegeben werde. Wenige Monate später, am 6. März 1836, nahm ihm der Tod seine Bürde ab.

Jetzt wollte das Domcapitel in Freiburg den damaligen Weihbischof und Generalvicar Hermann v. Vicari wählen; die Regierung aber hatte es auf den Domcapitular Ignaz Demeter, früher Director des Schullehrerseminars in Rastadt, Mitglied der katholischen Kirchensection und Pfarrer in Sasbach, abgesehen. Als Regierungscommissär fungirte der geheime Rath und Director der Kirchensection K. Beck. Das Metropolitancapitel, an welches Papst Gregor XVI. am 30. März eine Breve mit der eindringlichsten Aufforderung gerichtet hatte, einen würdigen Oberhirten zu wählen, überreichte seine Candidatenliste dem Groß= herzog Leopold, welcher keinen der aufgestellten Candidaten als minder genehme Person zurückwies. Die einstimmige Wahl fiel auf den Bisthumsverweser Hermann von Vicari, der erst nach einer dreimaligen Aufforderung sich zur Annahme der Wahl entschloß. Kaum war aber dies geschehen, als der Regierungs= commissär sich erhob und den Neugewählten recusirte. Eine solche

---

[1]) Aehnlich werden in unsern Tagen in München, Bonn, Breslau und anderwärts Priester, die ihrem Eide untreu geworden, gegen Kirche, Papst und Bischöfe zu Felde ziehen, in ihrer Stellung gehalten und besoldet.

Beeinträchtigung seiner Wahlfreiheit wollte sich das Domcapitel nicht gefallen lassen. Es hatte um so mehr Grund dazu, da es ja der Regierung die Candidatenliste vorgelegt hatte, und diese somit die ihr mißliebigen Personen excludiren konnte. Nur nach langem Widerstreben und auf Bitten des Recusirten entschloß es sich zu einer Neuwahl. Ein sechsmaliges Scrutinium fand statt, ohne daß der Regierungscandidat Ignaz Demeter die Majorität erhalten konnte. Man mußte resultatlos auseinander gehen. Ein neuer Wahltag wurde auf den 14. Mai festgesetzt. Die Regierung ließ nur drei Namen — Hug, Demeter und Decan Engel von Sigmaringen — auf der Liste stehen. Das erste und zweite Scrutinium ergab keine Majorität; erst beim dritten wurde endlich Demeter gewählt. Seinen Informativ= proceß führte Bischof Keller von Rottenburg, der auch die Con= secration vornahm. Das Programm der Feierlichkeit unterlag der landesherrlichen Genehmigung ¹).

Der Papst verwarf wegen des Benehmens des großherzog= lichen Commissärs den Wahlact, bestätigte jedoch den Gewählten mit Rücksicht auf seine Frömmigkeit und sonstigen guten Eigen= schaften. So ward Ignaz Demeter am 29. Januar 1837 zum zweiten Erzbischof von Freiburg geweiht.

Demeter war viel zu gutmüthig und hatte einen zu hohen Begriff von der Staatsgewalt, um einen Entscheidungskampf für die kirchlichen Rechte zu wagen. Er war daher leicht mit seinen Worten und Versprechungen zu beruhigen. So mußte der Freiherr von Andlaw zweimal (1837 und 1839) in der ersten Kammer seine Motion über „das unkirchliche Streben der katholischen Kirchensection" fallen lassen, weil der Erzbischof jeweils erklärte, daß er durch Versprechungen zufrieden gestellt sei. In Folge wiederholter Vorstellungen erlangte das erz= bischöfliche Ordinariat vom Ministerium des Innern (den 23. Mai 1840) eine Verfügung über die bischöfliche Strafgewalt, die je= doch nicht viel von der Verordnung des Jahres 1830 änderte. Darnach konnte zwar der Erzbischof Geldstrafen bis zu 20 Gul= den, Verweise, Suspension vom Amte bis zur Dauer von 4 Wochen verfügen, aber gegen alle diese Erkenntnisse ist Be= rufung an die weltliche Behörde gestattet. Einen Geistlichen jedoch zu entlassen, das steht nur der Staatsgewalt zu.

Diese Verordnung bildete einen Hauptpunkt der Beschwerden des Erzbischofs Hermann.

Noch eine staatliche Verordnung unter Erzbischof Bernard, über die Errichtung des theologischen Convicts in Freiburg, ist hier zu nennen. Die Regierung ließ die Errichtung zu, be= stimmte aber dem Erzbischof folgende Rechte darüber: 1) zu den

---

¹) Nach Dr. Brück, Geschichte der oberrheinischen Kirchenprovinz. Mainz, bei Kirchheim, 1869.

Prüfungen einen bischöflichen Commissär zu senden; 2) das Haus zuweilen persönlich zu besuchen und die Zöglinge sämmtlich oder einzeln vor sich zu rufen; 3) Einsicht zu nehmen in den wissenschaftlichen und sittlichen Zustand der Anstalt; 4) von allen neuen Disciplinarordnungen in Kenntniß gesetzt zu werden; 5) gut findende Vorschläge über innere Einrichtung der Anstalt an das Ministerium zur Berücksichtigung gelangen zu lassen.

Der Domdecan Vicari war in einem Gutachten einem derartigen Convict ganz entgegen, weil es „lediglich Staatsanstalt sei und die weltliche Erziehung der Cleriker bezwecke".

Ob Erzbischof Ignaz gegen diese Verfügung förmlich protestirte, ist nicht bekannt; mündlich soll er jedoch öfters seine Unzufriedenheit ausgedrückt haben. Er starb nach langer Krankheit am 21. März 1842.

So war die Stellung der Kirche zum Staat, als Hermann von Vicari sein hohes Amt antrat.

III.

Erzbischof Hermann hatte mit dem festen Entschluß den bischöflichen Stuhl bestiegen, die Rechte der Kirche und ihre Freiheit unerschütterlich zu vertheidigen und namentlich alle Kräfte aufzubieten, um die dem Bischofe von Gott- und Rechtswegen zustehende Gewalt herzustellen, und zwar um so mehr, als Papst Gregor XVI. durch ein äußerst wohlwollendes Breve vom 24. October 1842 sein vollstes Vertrauen zu ihm ausgesprochen, daß er die Freiheit der Kirche vindiciren werde. Hermann schrieb später dem hl. Vater, er habe, als die schwere Last des erzbischöflichen Amtes auf seine Schultern gelegt worden sei, zwar dem Willen Gottes und des heil. Stuhles sich gefügt; aber mit traurigem Herzen habe er im Gefühle seiner Unwürdigkeit das hohe und schwere Amt angetreten und nur der Segen und die gnädigste Ermahnung Seiner Heiligkeit vom 24. October 1842, die er schon öfters ehrfurchtsvoll geküßt, habe ihn gestärkt.

Zwar war in den ersten Jahren seiner Amtsführung wenig Hoffnung vorhanden, irgend welche Errungenschaften zu machen, da die in der badischen Kammer herrschende radicale Partei lieber rongeanisch, als der katholischen Kirche gerecht geworden wäre. Ja die Verhältnisse der Kirche waren in diesen Jahren eher schlimmer geworden und der revolutionäre Geist, der in dem Jahre 1848 zum Ausbruche kam, verhöhnte seit der Ronge'schen Geschichte den katholischen Glauben und die katholische Kirche auf's schmählichste, namentlich in der Ständekammer. Gleichwohl führte Erzbischof Hermann in dieser Zeit die barmherzigen Schwestern ein, errichtete aus eigenen Mitteln ein Knabenseminar und trat in einem Hirtenbrief entschieden gegen den Rongeanismus auf; ebenso in einem Conflict wegen den gemischten Ehen.

Vom Jahre 1845—48 bemühte sich der Erzbischof, den kirchlichen Geist in Clerus und Volk zu wecken und zu pflegen durch Empfehlung katholischer Vereine, durch Priesterexercitien, Visitations- und Firmungsreisen, welch' letztere er oft, trotz seines hohen Alters, den ganzen Sommer hindurch fortsetzte. 1849 erließ er einen Hirtenbrief über die Diöcesansynoden, worin er dieselben als das beste Mittel zur Erweckung von Clerus und Volk nachwies.

Als dann im Jahre 1848 die meisten deutschen Throne wankten, aber im Herbste dieses Jahres die Revolution theils durch Gewalt, theils durch Versprechungen der Fürsten unterdrückt schien, da versammelten sich in den letzten Tagen des Octobers die deutschen Bischöfe zu Würzburg und erklärten, man möge auch der Kirche ihre Freiheit wieder geben, denn sie allein könne die Völker zu wahrer Freiheit und zur wahren Ordnung zurück bringen. „Die Kirche allein, erklärten sie, habe die Völker seit 18 Jahrhunderten gesittet und erzogen, Fürsten und Völker in der Gerechtigkeit zu vereinbaren und so Ordnung und Freiheit in allen Verhältnissen des bürgerlichen und öffentlichen Lebens zu gründen gesucht".

„Darum nimmt die Kirche, betraut mit der heilig-ernsten Mission: „wie mich der Vater gesandt hat, so sende ich Euch" — für die Aus- und Durchführung dieser Sendung — wie immer die öffentliche Ordnung der Staaten gestaltet sein mag — die vollste Freiheit und Selbstständigkeit in Anspruch".

Von nun an war die Parole der deutschen Bischöfe: „Volle Freiheit der Kirche"! Und eben dadurch, daß Erzbischof Hermann nach deren Verwirklichung strebte, entstand der badische Kirchenstreit.

Gleich im Jahre 1848 noch hatte der Erzbischof Gelegenheit, im Sinne der Würzburger Beschlüsse aufzutreten. Im Großherzogthum Baden sollten nämlich die confessionellen Schulen aufgehoben, an ihre Stelle sogenannte Communalschulen treten, protestantische und katholische Schulfonde demnach zusammen geworfen und die Kirche von der Schule getrennt werden.

Hiegegen erließ der Erzbischof sofort unterm 8. Dez. 1848 einen Hirtenbrief, worin er, mit Hinweis auf die Würzburger Versammlung, die Nachtheile der gemischten Schule nachwies und die Katholiken aufforderte, Alles aufzuwenden, um das Ansinnen der Regierung rückgängig zu machen. Die bald darauf ausbrechende Revolution war jedoch die einzige Hilfe dagegen. Erst als die Liberalen wieder an's Ruder kamen, ward durchgeführt, was die Männer der Revolution geplant.

Während der Stürme der Jahre 1848 und 49 blieb der Erzbischof unerschrocken in Freiburg, mahnte fort und fort, selbst unter persönlichen Gefahren, die Rebellen zur Treue an den Landesfürsten. Ueber die Schäden der Revolution erließ er unterm 29. Juni 1849 einen herrlichen Hirtenbrief. Als dann die Preußen

den Großherzog wieder in das Land zurückgeführt hatten, ließ
man die Kirche in Manchem frei gewähren, ja selbst Jesuiten=
missionen durften im Lande wirken, um den revolutionären Geist
noch vollends im Volke zu ersticken. Aber nach dem Abzuge der
Preußen fühlte man sich in Carlsruhe wieder sicher und ging
zum alten Systeme zurück; und nun glaubte der Erzbischof in
Freiburg, als Metropolit · der oberrheinischen Kirchenprovinz,
nachdem er schon 1849 und 50 durch Hirscher in der ersten
Kammer bei der badischen Regierung Schritte gethan hatte für
die Freiheit der Kirche, es sei an der Zeit, die Würzburger Be=
schlüsse den Staaten vorzuhalten und energisch auf Freiheit der
Kirche zu dringen. Es erschien deßhalb im März 1851 die be=
kannte Denkschrift der Bischöfe der oberrheinischen Kirchenprovinz,
worin sie unter Hinweis auf den göttlichen Beruf der Kirche
und auf die von den Regierungen ihren Diöcesen anerkannte
päpstliche Bulle vom 11. April 1827 freie Besetzung aller geist=
lichen Aemter, freie Ausübung der kirchlichen Strafgewalt und
Vereinigung von Kirche und Schule verlangten.

Die Antworten der Regierungen auf diese Denkschrift blieben
ein ganzes Jahr aus, so daß die Bischöfe sich am 10. Febr. 1852
in Freiburg versammelten und eine ernstliche Vorstellung erließen,
worin sie mahnten, ihren gerechten Erwartungen zu entsprechen.

Gleich darauf trat jedoch in Baden ein Ereigniß ein, das
dem Erzbischof Gelegenheit gab, praktisch das Ansehen der
Kirche zu wahren.

Am 24. April 1852 starb Großherzog Leopold und unterm
28. desselben Monats eröffnete der katholische Oberkirchenrath
(seit 1845 an Stelle der katholischen Kirchensection) dem Erz=
bischof, daß nach Allerhöchster Entschließung der Trauergottes=
dienst für den verstorbenen Großherzog am 10. Mai in sämmt=
lichen katholischen Kirchen gehalten werden sollte.

Das Ordinariat erließ sofort (unterm 30. April) an sämmt=
liche Decanate eine Anordnung über feierliche Abhaltung der
Trauerfeierlichkeit — jedoch ohne Seelenmesse — und der Erz=
bischof selbst verfügte, daß die Feierlichkeit in den katholischen
Gemeinden auf den Abend des 9. Mai verlegt werden sollte.
Beides ward nach Karlsruhe bekannt gegeben. Alsbald aber
erschien ein Mitglied des Staatsministeriums, um die Abhalt=
ung eines Seelenamtes beim Erzbischof durchzusetzen — jedoch
ohne Erfolg. Denn einmal hatte erst einige Jahre zuvor ein
päpstliches Breve die Abhaltung von Seelenmessen für Prote=
stanten durchweg verboten; sodann, wie der Erzbischof auch in
einem Schreiben vom 8. Mai an den Prinzregenten und in
einem Hirtenbrief vom 9. desselben Monats auseinander setzte,
weil nach Vorschrift der Kirche das heilige Opfer nicht für Ver=
storbene dargebracht werden darf, die nicht der katholischen Kirche

angehörten, und nur die Glieder der Kirche Theil an ihren Gütern haben.

Zugleich wahrte der Erzbischof in diesem Hirtenbriefe aus=drücklich das Recht der Kirche, über alle Gegenstände des Gottes=dienstes selbst zu entscheiden, eine Wahrung, die um so noth=wendiger war, als die Forderung der Regierung direct in den Cultus der katholischen Kirche eingriff.

Die Regierung hat indeß (unterm 6. Mai) an die Bezirks=ämter die Weigerung des Erzbischofs bekannt gegeben und darauf hingewiesen, daß sie den so angeordneten Trauergottesdienst nicht als einen feierlichen anerkenne, und sie wolle, daß er nicht als solcher anerkannt und behandelt werde, wonach die Beamten zu handeln hätten.

Diese suchten demgemäß allerorts den vom Erzbischof an=geordneten Gottesdienst zu hindern oder ihm durch Verbieten des Läutens ꝛc. den feierlichen Charakter zu benehmen, wodurch an vielen Orten große Aufregung entstand. An einzelnen Orten unterblieb die Feierlichkeit ganz, an andern wurde sie abgehalten, theils mit, theils ohne Theilnahme der Beamten — in manchen Gemeinden gaben die Geistlichen nach und hielten Seelenmessen.

Jetzt erließ der Erzbischof unterm 17. Mai ein Schreiben an die Decanate und forderte sie zum Bericht auf, wie seiner Anordnung betreffs des Trauergottesdienstes nachgekommen wor=den sei. Die sechzig Geistlichen, welche Seelenmessen gelesen hatten, mußten zu geistlichen Uebungen in St. Peter erscheinen[1], diejenigen, welche den Gottesdienst ganz unterlassen, mußten eine schriftliche Erklärung einsenden, worin sie gelobten, nie mehr ihrem Oberhirten den Gehorsam zu versagen und ihrem Priestereide treu zu bleiben bis an ihres Lebens Ende. Alle unterwarfen sich dem milden Urtheile, was unterm 7. Sep=tember, durch einen Hirtenbrief der Geistlichkeit bekannt ge=geben wurde. „Der Trauerconflict", sagt Brück, „manifestirte die siegreiche Gewalt der Kirche über die Gewissen, nicht weniger aber auch die Arroganz und zugleich die Ohnmacht des Bureau=cratismus".

So hatte der Erzbischof den ersten Schritt gethan, um die Rechte der Kirche der Staatsgewalt gegenüber zu wahren, und hatte ihn standhaft durchgeführt. Der Anfang war gemacht und der Streit sollte bald noch gewaltiger losbrechen.

Gegen Ende des Jahres 1852 traten Commissäre der Staaten der oberrheinischen Kirchenprovinz in Karlsruhe zusammen, um eine Entscheidung zu geben auf die von den Bischöfen i. J. 1851 gestellten und 1852 wiederholten Forderungen. Lange schob sich jedoch von Seiten der badischen Regierung ein Bekanntgeben der

---

[1] Die Berufung zu den Exercitien geschah durch Hirtenschreiben vom 8. Juli 1852.

gefaßten Beschlüsse hinaus und erst am 5. März 1853 kam die Antwort dem Erzbischof von Carlsruhe aus zu. Sie lautete:

1. Was die Forderung der freien Verleihung der Kirchen= pfründen betreffe, so sei die Ernennung der Pfarrer eine fast ausnahmslose Regel und deßwegen ein Recht der Landesherren geworden und könne im Interesse des Staatsrechtes nicht darauf verzichtet werden. Doch wolle der Regent gestatten, daß der Bischof die in den Monaten Juni und December durch Todes= fall freiwerdenden Pfründen verleihe, ebenso die durch allgemeine Kirchenmittel neu errichteten oder zur Hälfte aufgebesserten Pfründen und solche, wo Privatpersonen die Präsentationsfrist versäumten. Doch stets nur unter landesherrlicher Bestätigung.

2. In Betreff der den Bischöfen allein freizugebenden Prüf= ung der Candidaten für das Priesterseminar und für die Pfarreien will der Staat seine Betheiligung dahin beschränken, daß der Oberkirchenrath zwei Commissäre schickt, welche im Kirchenrechte und in der Landesgesetzgebung über Kirche und Schule exami= niren. Der Staat revidirt sodann die ganze Prüfung durch eine Commission und der Oberkirchenrath gibt die endgiltige Ent= scheidung.

3. Was die freie Ausübung der kirchlichen Strafgewalt der Bischöfe gegen die Geistlichen, welche ihr Amt nicht pflichtge= treu und würdig verwalten, betrifft, so erkennt die Regierung an, daß der Kirche eine Strafgewalt zustehen müsse, doch dürfe kein Erkenntniß vollzogen werden, bevor der Staat Einsicht von den Acten genommen und ausgesprochen habe, daß gegen dessen Vollzug nichts zu erinnern sei.

4. Die Forderung der Bischöfe, daß das sogenannte Placet aufgehoben werde, d. h., daß die Entscheidungen des Papstes über kirchliche Angelegenheiten, sowie ihre eigenen Ausschreib= ungen zu ihrer Bekanntmachung nicht mehr erst der landes= herrlichen Genehmigung bedürfen sollten — wird dahin beant= wortet, daß es das Recht und die Pflicht des Staates sei, von allen öffentlichen kirchlichen Erlassen und Anordnungen Einsicht zu nehmen und nöthigenfalls dagegen einzuschreiten.

5. Die Bischöfe forderten das Recht, in ihren Bisthümern frei Alles anzuordnen, was sie zur Feier des katholischen Cultus und zur Entwicklung des kirchlichen Lebens für angemessen er= achteten, als Gebet=, Gesangbücher, Anordnungen von Fest= und Fasttagen, Volksmissionen ꝛc. Darauf lautet die Antwort der Regierung, daß ihr stets das Recht zustehen müsse, jeder Zeit diejenigen Vorkehrungen zu treffen, welche ihr in Rücksicht auf das öffentliche Wohl geboten erscheinen und dies namentlich in Bezug auf Volksmissionen, Processionen und dergleichen.

6. Den geforderten freien Verkehr mit dem Papste kann die Regierung nicht gewähren — eben so wenig, daß das Kirchen= und Stiftungsvermögen den Bischöfen, als den Häuptern der

kirchlichen Gemeinde, zur freien Verwaltung und Verwendung überlassen werde.

7. Was die Forderung des nothwendigen Einflusses der Bischöfe auf Volksschule und Bildung der Lehrer betrifft, so hat es bei der bestehenden Schulorganisation zu verbleiben, da die Regierung die Leitung des Schulwesens und der Lehrer nicht dem Erzbischofe überlassen könne.

So ward die Denkschrift der Bischöfe abgefertigt, d. h. es sollte beim Alten bleiben.

Am Abend des 5. März 1853 hatte der Erzbischof diese Mittheilung des Ministeriums erhalten. Er war davon schmerz= lich berührt, denn so wenig hatte er doch nicht erwartet. So= fort aber gab er am folgenden Tage dem Präsidenten des Ministeriums des Innern seine Protestation ab gegen Alles, was den kirchenrechtlichen Satzungen und den Normen der katho= lischen Kirche widerspreche und ihre Verfassung verletze, denn, fügte der greise Kirchenfürst hinzu: „Ich muß Gott mehr ge= horchen, als den Menschen".

Diese schnelle und entschiedene Erklärung hatte man in Carlsruhe nicht erwartet, denn wenige Tage darauf erschien der Minister des Innern selbst in Freiburg, um den Erzbischof zur Zurücknahme seiner Protestation zu bewegen — jedoch ohne Er= folg. Dagegen berief der Erzbischof alsbald die übrigen Bischöfe seiner Provinz auf den 6. April zur Berathung nach Freiburg ein.

Sämmtliche erschienen und gaben unterm 12. April 1853 eine Erklärung an ihre Regierungen dahin, daß sie jetzt unab= weislich auf den Standpunkt hingetrieben seien, auf dem sie, wie der Erzbischof bereits erklärt habe, ihr Verhalten nach dem apostolischen Ausspruche zu bestimmen hätten: „Man muß Gott mehr gehorchen als den Menschen". Sie würden jedoch in einigen Wochen ausführlich in einer Denkschrift die Gründe ent= wickeln, warum sie sich für berechtigt hielten, inskünftig nur die Glaubenssätze und das darauf beruhende Verfassungsrecht ihrer heiligen Kirche als maßgebend für ihre Amtsverwaltung zu be= trachten und den Vorschriften und Anordnungen, welche die Regierungen bisher in Bezug auf die katholische Kirche geltend gemacht und auch fernerhin geltend zu machen beschlossen hätten, auf's Entschiedenste entgegen zu treten.

„So hätten sie es Gott dem Allmächtigen ge= lobt und in seinem Namen würden sie Hülfe finden."

Auf diese Erklärung folgten die Antworten der betreffenden Regierungen ziemlich gleichlautend. Die Badens an den Erz= bischof d. d. 21. April 1853 ging dahin: „der Regent erwarte von allen Unterthanen schuldige Treue, er werde aber auch seine Rechte wahrnehmen, wenn das angekündigte „Entgegentreten" in einer die Landesgesetze verletzenden Weise geschehe. In sol= chem Falle würde Sein Königliche Hoheit denjenigen für die

Folgen verantwortlich machen, der, indem er vermeintliches Recht geltend machen wolle, in anerkannter Wirksamkeit bestehende Ge=
setze verletze."

So war der Krieg gegenseitig angekündigt.

Anfangs Juni versammelten sich die Bischöfe wieder in Freiburg, um die Begründung ihres Auftretens zu berathen und den Regierungen vorzulegen.

Schon unterm 18. Juni 1853 war diese zweite Denkschrift der Bischöfe fertig. Sie begründen darin, daß die Kirche der oberrheinischen Kirchenprovinz unbedingt und mit vollem Rechte anerkannt sei und bestehe, und daher auch ungestörte Wirksam=
keit und volle Ausübung ihrer wohlerworbenen Rechte, deren Fortbestand durch allgemeine Reichsgesetze und sogar noch durch besondere Landesgesetze ausdrücklich anerkannt sei — fordern und behaupten dürfe.

Der Erzbischof legte unterm 16. Juli diese treffliche Be=
gründung seiner Regierung vor und sagt in einer besonderen Beilage: „Die Kirche will niemals einen Staat im Staate bilden und kann es, ihren Glaubenssätzen und ihrer Natur gemäß, nicht wollen; aber sie hält sich auch berechtigt, zu ver=
langen, daß nicht der Staat eine Kirche in der Kirche bildet, daß er, im Glauben, unveräußerliche Majestätsrechte zu üben, das Regierungsrecht der kirchlichen Hierarchie an sich ziehe und so grundsätzlich und thatsächlich der Kirche innerstes Sein und Wesen vernichte."

„Möge," sagte sodann der greise Oberhirt weiter, „möge es die großherzogliche Regierung nicht als ein Zeichen der Auflehnung, sondern als ein Zeichen des höheren Berufes der Kirche, oder wenigstens als ein Zeichen des Glaubens an eine göttliche Stiftung oder Sendung der Kirche aner=
kennen, wenn die Bischöfe nicht vermögen, den Glauben und die Auffassung der Kirche dem wechseln=
den Zeitgeiste anzupassen, sondern sich für ver=
pflichtet halten, in Zeiten wilder Auflehnung dem Volke die Pflichten des Gehorsams zu verkünden, in anderen Zeiten aber auch die weltlichen Obrig=
keiten auf die Grenze hinzuweisen, über die sie nicht hinausgehen können."

Und nun ging der Erzbischof muthig in der That vor: Durch einen Erlaß vom 12. Juli 1853 forderte das Ministerium des Innern den Erzbischof auf, zur Besetzung der erledigten Pfarreien Vorschläge an die Regierung gelangen zu lassen. Dies geschah nicht, indem der Erzbischof sich vorgenommen hatte, vom 1. März 1853 an alle Pfarreien, auf die der Staat kein Patronatsrecht hatte, selbst, nach kirchlichem Recht, zu be=
setzen. Ebenso ließ er sodann am 11. September die Prüfung

der Candidaten für das Priesterseminar vornehmen, ohne dem Oberkirchenrath Nachricht zu geben und ohne Beisein eines landesherrlichen Commissärs. Unterm 12. Oktober verlieh der Erzbischof aus eigener Machtvollkommenheit die Spitalpfarrei Constanz, deren Kirche eben jetzt den Altkatholiken zuerkannt wird.

Schon unterm 10. Juni waren die Mitglieder des Ober= kirchenraths aufgefordert worden, sich nach den Grundsätzen zu verhalten, die der Erzbischof ausgesprochen habe, weil sie, als Katholiken, verpflichtet seien, bei Vertheidigung der rein kirch= lichen Rechte auf Seite ihres Bischofs zu stehen. Sie aber er= klärten, ihr Amt sei, die Verordnungen des Staates über Kirche u. s. w. anzuwenden — und gaben schließlich auf die Belehrungen und Ermahnungen des Erzbischofs gar keine Antwort mehr.

Nun wartete der Erzbischof noch zwei Monate zu und dann gab er unterm 20. Oktober 1853 dem Stadtpfarramt Carlsruhe den Auftrag, die acht Mitglieder des Oberkirchenrathes nochmals zum Gehorsam zu mahnen und auf die Folgen ihrer Handlungs= weise aufmerksam zu machen.

Aber auch dies war vergeblich.

Jetzt kam am 29. Oktober Staatsrath von Stengel von Carlsruhe nach Freiburg mit einer Sendung an den Erzbischof und das Domcapitel und forderte beide auf, sich zur Entgegen= nahme einer Eröffnung in's großherzogliche Palais (in Frei= burg) zu begeben. Der Erzbischof verweigerte dies und be= stimmte die Versammlung in sein Haus. Der Staatsrath er= schien, warf dem Erzbischof die seitherigen thatsächlichen Wider= sprüche mit den Staatsverordnungen vor, erklärte dessen Hand= lungsweise als Verletzung der Hoheitsrechte und forderte Zurücknahme aller jener Verfügungen. Der Erzbischof ver= weigerte dies entschieden mit der Erklärung, er werde dem Staatsministerium seine Entschließungen mittheilen, nachdem er sich mit seinem Capitel, ohne Anwesenheit eines Commissärs der weltlichen Macht, werde berathen haben, was am 2. Nov. geschah.

Das Domcapitel erklärte, daß es der Entschiedenheit und Festigkeit des Oberhirten volle Anerkennung zolle und ihm in Vertheidigung der kirchlichen Rechte unzertrennlich zur Seite stehen werde. Demgemäß gab der Erzbischof unterm 4. November seine Erklärung dem Ministerium ab.

Er verwahrte sich feierlich gegen den Vorwurf, als habe er die Hoheitsrechte angegriffen, und betheuerte seine unwandelbare Treue als Unterthan. Daß er thatsächlich vorgegangen, hätte nicht überraschen sollen, da die Bischöfe kein leeres Wort ge= sprochen und ihre Rechte hinlänglich begründet hätten, von denen keine menschliche Macht sie abzubringen im Stande sei. Er sehe daher unerschrocken auf die Folgen seiner Handlungsweise und könne sich nimmer dazu verstehen, etwas von seinen Verfügungen zurückzunehmen.

Alsbald antwortete die Regierung mit einem Gesetze (d. d. 7. November 1853), wornach keine vom Erzbischof selbst oder in dessen Namen erlassene Verfügung im Großherzogthum verkündet oder vollzogen oder ihr überhaupt eine äußere Anerkennung bei= gelegt werden dürfe, wenn dieselbe nicht durch den landesherr= lichen Specialcommissär zugelassen sei. Wer dagegen handle, verfalle der polizeilichen Strafgewalt der Bezirksämter.

Damit war die Kirchengewalt thatsächlich aufgehoben.

Der Erzbischof ordnete jetzt Gebete an für die bedrängte Kirche und gab seinem Generalvicar von Buchegger unterm 9. November den Auftrag, den Specialcommissär Burger, unter Androhung des Kirchenbannes, durch einen Erlaß zu warnen vor Ausübung seines Amtes, die Kirchenverordnungen zu unter= drücken. Dieser ließ jedoch den Generalvicar sogleich mit 50 Gulden strafen, weil er einen Erlaß ohne seine Genehmigung ausgegeben habe, und verlangte jetzt, daß die erzbischöfliche Kanzlei seiner Controle unterworfen werde, was vom Ordinariate sofort unbedingt verweigert wurde. Der Erzbischof ernannte jetzt wieder zwei Pfarrer und theilte deren Ernennung einfach dem Ministerium mit, das aber deren Einsetzung und Amtsaus= übung selbst mit Gewalt zu hindern befahl, während der Special= commissär Geldstrafen über den Generalvicar und den erzbischöf= lichen Kanzleidirector verhängte.[1]

Dies war am 11. November geschehen und am 14. wurde der große Kirchenbann über den Specialcommissär Burger im Münster in Freiburg und gegen die Mitglieder des Oberkirchen= rathes in der katholischen Kirche in Carlsruhe verkündet. Die Regierung verurtheilte jedoch die Geistlichen, welche die Excom= munication verlesen hatten, zu je 6 Wochen Gefängniß und zur Verweisung in ihre Heimath nach erstandener Gefängnißstrafe.

Der Erzbischof suchte nun die Gläubigen seiner Diöcese, denen der ganze Hergang ziemlich fremd geblieben war, weil die Regierung den inländischen Blättern verboten hatte, den soge= nannten Kirchenstreit zu besprechen — zu belehren und erließ den berühmten Hirtenbrief vom 11. November 1853. Wir lassen denselben, als das wichtigste Actenstück des ganzen Kampfes, hier folgen:

„Inmitten der Stürme, welche das Schiff unserer heiligen Kirche deren Steuer unter Euch Uns anvertraut ist, mit ihrer Gewalt umdrängen, dürfte es Uns zu Muthe sein, wie den Jüngern, welche im Sturm auf dem See den Herrn aus dem

---

[1] Um vor ähnlichen Strafen seinen Generalvicar zu wahren, unterschrieb der Erzbischof von nun an längere Zeit Alles selbst.

Schlafe weckten mit den Worten: „Herr, rette uns; wir gehen unter"! denn unsere Hände, die eines einundachtzig= jährigen Greises, drohen müde zu werden, gemäß der Schwäche der menschlichen Natur, in dem langen Kampfe für die Rechte Gottes und die Freiheit Seiner Kirche; aber der Herr hat zu seiner Zeit gesprochen und er spricht es auch zu Uns: „Er= manne dich und sei stark, damit du dich nicht vor ihrem Angesicht fürchtest, weil ich mit dir bin".

Und zu dem ewigen Gott rufen Wir mit aufgehobenen Hän= den: „Herr ich leide Gewalt: antworte für mich".

Priester und Gläubige Unseres Erzbisthums! Ihr habt alle erfahren, welche Bitten Wir mit Unseren Mit= bischöfen für die endliche Freigebung unserer heiligen Kirche vor den Thronen Unseres durchlauchtigsten Fürsten niedergelegt, wie Wir um Erhörung gefleht haben in der Angst um die Rettung der Seelen und der in unseren Zeiten schwer bedrohten Gesellschaft. Ihr hat den Gegenstand dieser Verhandlungen aus den beiden Denkschriften des Episcopats der oberrheinischen Kirchenprovinz ersehen.

Statt mit Rechtsgründen hat man mit Drohungen von Gewalt geantwortet, und nachdem wir gemäß der Würde Unseres Amts Uns furchtlos als Schutzwächter vor das Heiligthum Gottes gestellt, hat man heute zu der Gewalt noch die Schmach Unserer heiligen Kirche gefügt. Wir müßten nicht ein Gesalbter des Herrn und Nachfolger der Apostel sein, wenn Wir nicht nach Kraft und Vermögen die Ehre der unbefleckten Braut Cristi schützen vor jeder Verletzung, sie komme, woher sie wolle.

Unsere Bitten um Gewährung des Rechtes sind nicht erhört worden, an jener Stelle, welche die Schützerin alles Rechtes sein soll: ein weiterer Rechtszug öffnet sich Uns nicht nach dem öffent= lichen Rechte Deutschlands. Darum appelliren Wir an den Apostolischen Stuhl, den Schützer aller Bedrängten an den Glauben und das Gewissen der ganzen Christenheit, und, geliebteste Bisthumsangehörige, an Euer Gebet. Vernehmt den Hergang und den gegenwärtigen Stand der Sache!

Neben dem Segen der Erlösung und Heiligung der Mensch= heit ist die größte Erwerbung des Christenthums die Unter= scheidung zwischen der geistlichen und der weltlichen Gewalt. „Gebet dem Kaiser, was des Kaisers ist, und Gott, was Gottes ist".

Zwei große Ordnungen leiteten von da an die Gesellschaft, die Kirche und der Staat. Jede von Beiden ist innerhalb ihres Gebietes selbstständig und unabhängig. Wirkt jede dieser beiden Ordnungen innerhalb ihrer Grenzen, so wird das Ziel beider, das ewige und zeitliche Wohl der Menschen, glücklich er= reicht, so wirken sie in gegenseitiger Eintracht das Glück der Gesellschaft. Greift dagegen eine dieser Ordnungen in die andere hinüber, so ist die Verwirrung und Beschädigung der Gewissen und die Störung der Gesellschaft die Folge. Die Geschichte ist da, um dieses zur Warnung für Alle zu bezeugen. Man hätte glauben sollen, achtzehn Jahrhunderte hätten genügt, um das neunzehnte hierüber zu belehren. Aber es hat diese Lehre vergessen!

Bekanntlich verlor im Anfange dieses Jahrhunderts zur Zeit des Rheinbundes, in den Tagen der tiefsten Erniedrigung, die Kirche in Deutschland durch den Untergang des Reiches ihren allgemeinen rechtlichen Schutz durch Kaiser und Reich, während gleichzeitig das Oberhaupt der Kirche im Zustande der schwersten Bedrängnisse und Verfolgungen, ja theilweise der Gefangenschaft sich befand, die bischöflichen Stühle in Deutschland aber meist erledigt und alle kirchlichen Einrichtungen zerrüttet und verwüstet waren. In dieser Zeit fiel die Ordnung der kirchlichen Verhältnisse ganz in das Ermessen der einzelnen Regierungen. So erschien in Baden das dritte Organisationsedict vom 11. Hornung 1803, die Religion betreffend, und das Edict vom 14. Mait 1807 über die kirchliche Staatsverfassung, welche beide Edicte gleichmäßig über die katholische Kirche und die protestantische Confession verfügten. Im Jahre 1809 schied die allgemeine Landesorganisation die Verwaltung der Kirche so vorherrschend der Staatsbehörde zu, daß dem Bischof nur noch ein ganz kleiner Rest der Kirchengewalt übrig blieb, der durchaus nicht mehr zureichte, die Kirche nach den kanonischen Satzungen und seiner schweren Verantwortlichkeit zu regieren. Die Beschwerden der Kirche am Wiener Congresse blieben unerhört, und so gerieth die kirchliche Ordnung in einen so tiefen Zerfall, daß die Regierungen selbst sich gezwungen fanden, auf Abhilfe zu sinnen. Das that auch die Großherzogliche Regierung mit einer Reihe anderer deutscher Bundesstaaten. Sie ließen durch ihre Bevollmächtigte im Jahre 1818 die Grundlagen für ein Concordat entwerfen und dem apostolischen Stuhle vorlegen. Die sie enthaltende Declaration widerstritt aber so sehr dem Glauben und der Verfassung der katholischen Kirche, daß der hl. Vater am 10. August 1819 sie verwarf; jedoch um dem für das Seelenheil der Katholiken dieser Gegenden längerhin unerträglichen Zustande der Verwahrlosung der Kirche ein Ende zu machen, durch die bekannten beiden Bullen (Provida solersque und Ad Dominici gregis custodiam) die oberrheinische Kirchenprovinz im Jahre 1821 und 1827 errichtete. Diese Bullen sichern unserer Kirche alle diejenigen Rechte, welche jetzt der Episcopat Unserer Provinz fordert, denn nach dem § VI. der Bulle von 1827 „soll der Erzbischof in seiner Diöcese und Kirchenprovinz, wie auch die Bischöfe, jeder in der eigenen Diöcese, mit vollem Rechte die bischöfliche Jurisdiction aus=

üben, welche ihnen nach den Kirchensatzungen und
der gegenwärtigen Disciplin zusteht".

Trotzdem erließen die höchsten Regierungen der Provinz in
vollem Widerspruche mit der vorerwähnten vertragsmäßigen
Bestimmung die Verordnung vom 30. Januar 1830, welche die
bischöfliche Gewalt und die Verfassung der katholischen Kirche bis
auf einen ganz unzugänglichen Rest vernichtete. Daher erklärte
der apostolische Stuhl durch ein Breve vom 30. Juli 1830 diese
Verordnung, als erlassen „gegen das öffentlich verpfändete Wort
der Regierungen" und forderte die Bischöfe auf, die Aufhebung
dieser Verordnung zu erwirken, da sie dasselbe enthielt, was die
vom Papste wiederholt verworfene und von den Regierungen
aufgegebene „Declaration" bestimmt hatte und was mit der Lehre
und den Gesetzen der katholischen Kirche in Widerspruch steht.

Ohne die Einsprachen des Papstes und der Bischöfe zu be=
achten, brachten die Regierungen dennoch jene Verordnung in
Vollzug. Erst als in den größeren Staaten Deutschlands der
Kirche in neuester Zeit die lang vorenthaltene Gerechtigkeit ge=
währt worden war, begehrten auch Wir dieses Recht Unserer
Kirche, und zwar später als der Episcopat der übrigen Lande.
Wir legten Unsere Denkschrift am 5. Februar 1851 den höchsten
Regierungen vor, welche zur Erledigung derselben die bekannten
Verordnungen vom März 1853 erließen, wodurch in allen wesent=
lichen Punkten die Anträge der Bischöfe abgelehnt und die alten
Verhältnisse aufrecht erhalten wurden. Die Kirchenprovinz, das
katholische Deutschland, die ganze katholische Welt hat sie mit
schmerzlichen Erstaunen aufgenommen. Darin wurde die katho=
lische Kirche förmlich als rechtlos erklärt, indem das dieselben
mittheilende Ministerial = Schreiben vom 1. März ausdrücklich
besagt: „Wir wollen nicht näher darauf eingehen, was das be=
stehende Recht besagt; es dürfte genügen, in's Auge zu fassen,
was das Wohl des Staates und das der Kirche erheischt"; —
und da durch diese Verordnungen erklärt ist: daß die Regierung
den ganzen Rechtszustand der katholischen Kirche nach Gutdünken
abändern könne, wann sie wolle.

Darnach erübrigte Uns, dem von Gott bestellten
Wächter der Verfassung der Kirche, nichts Anderes,
als der die Ausübung der Rechte der Kirche thatsäch=
lich hemmenden Regierung gegenüber Unsere kirchliche
Pflicht zu erfüllen, in den Fußstapfen der heiligen Märtyrer
und Bekenner unseren Glauben offen zu bekennen, die von ihm
geforderten Rechte der Kirche zu üben und für dieselben zu
leiden. Wir gedachten hiebei des Ausspruches des heiligen Mär=
tyrers Cyprian: „Wenn ein Bischof furchtsam ist, so ist es
um ihn geschehen!" Das positive Recht zu diesem Verfahren
haben Wir in der Denkschrift vom 18. Juli d. J. umfassend
begründet, auf welche aber die Regierung nur mit Androhung

von Gewalt, statt mit Rechtsgründen erwiderte. Daß Wir ungesäumt jetzt Unsere Pflicht ausüben mußten, dazu verpflichtete uns der Rückblick auf das überfüllte Maaß der Unbilden und Schädigungen, welche die Kirche seit einem halben Jahrhundert durch eine unbelehrbare Bureaukratie erlitten hat, und ebenso dringend der Blick auf die Krankheit und die schweren Uebel, auf die Verderbniß an Glaube und Sitte, welche in der langen Periode der Staatskirchenverwaltung sich angehäuft, und welche die Heilung, wie schmerzlich sie auch sei, unaufschiebbar machen; ja endlich die klare Erkenntniß, daß es sich in dieser Sache geradezu um die Existenz der katholischen Kirche in unserem Vaterlande handele.

Thatsache ist es, daß unter der Regierung vier gerechter Landesfürsten: der verewigten Großherzoge **Karl Friedrich, Karl, Ludwig** und **Leopold**, welche alle der katholischen Kirche wohl geneigt waren, dennoch die Staatskirchenverwaltung eine solche Masse von Ungerechtigkeiten Schädigungen gegen die Kirche Gottes verschuldet hat, **wie keine Zeit der Kirchengeschichte ein zweites Beispiel zeigt.**

Sie hat sich am Lehramt der Kirche vergriffen und der Kirche Feindseliges lehren lassen.

Sie hat sich selbst in Sachen des Gottesdienstes gemischt und heilige Sakramente und Sakramentalien durch ihre Gesetzgebung verletzt.

Sie hat das Regiment der Kirche an sich gerissen, und dasselbe den Händen weltlicher Beamten überantwortet.

Sie hat der heiligen Religion die Geltung im öffentlichen Leben des Volkes vorenthalten.

Sie hat den Einfluß des Christenthums auf den öffentlichen Unterricht gehemmt: von der **katholischen Universität Freiburg an,** der sie ihren stiftungsmäßig katholischen Charakter zu nehmen versucht, bis zu den Pfarrschulen, welche sie vielfach um den Segen christlicher Erziehung und Gläubigkeit hat bringen lassen.

Wir schweigen von der Verwaltung des Kirchenvermögens, an welcher sie die Kirche, die selbst von der Landesverfassung anerkannte Eigenthümerin, behindert hat. Auf diesen Wegen ist das von den Vätern überlieferte sittliche Erbe, **der alte Glaube und die alte Treue,** verschleudert worden. Leidenschaften und Verwahrlosung sind bei dem Volke eingezogen, und bringen zu der stets anwachsenden Zerrüttung und Verarmung — Verderbniß und ewigen Untergang der Seelen.

Gegenüber diesen allseitigen Drangsalen können Wir Angesichts des kommenden Gerichtes nur dem Beispiele **Unseres Erlösers** folgen, der — als der gute Hirt — sich für die Seinigen hingegeben hat. Auch wir wollen als treuer Hirte für die Uns anvertraute Heerde streiten und leiden, zur Sühne für die vielen Sünden, welche unter diesem Theile der Gläubigen die Strafen Gottes hervorrufen.

So blieb Uns, nachdem alle Unsere früheren Bitten keine Erhörung gefunden, nichts übrig, als fortan bei allen Handlungen unserer Kirchenregierung nach den heiligen, auch durch das positive Recht gewährleisteten Gesetzen der Kirche zu verfahren.

In dem Erzbisthum Freiburg war vor Allem der großherzogliche Oberkirchenrath das organisationsmäßige Werkzeug der gegen die Kirche geübten Ungerechtigkeit. Aus lauter Katholiken, Geistlichen und Laien zusammengesetzt, war diese Behörde ganz geeignet, den Augen des katholischen Volkes ihr Streben und Thuen zu verhüllen. Ein Erzeugniß der allgemeinen Landesorganisation des Jahres 1809 hat diese Behörde, deren ursprüngliche Einrichtung schon die rechtmäßige Selbstständigkeit und Autonomie der Kirche verletzt hatte, diese verletzende Richtung bei allen ihren spätern organischen Aenderungen gegen die Kirche nicht nur nicht gemildert, sondern verschärft.

Dieser Oberkirchenrath hatte die ganze erzbischöfliche Zuständigkeit und Amtsverwaltung bis auf einen geringen Rest an sich gezogen, daher auch der heilige Vater die Beseitigung dieser Anmaßung kirchlicher Rechte verlangte. Wir anerkennen vollständig die landesherrliche Organisationsgewalt; Wir gedenken keine landesherrliche Behörde aufzuheben: aber was Wir anzuerkennen nicht im Stande sind, ist die Ausübung bischöflicher Rechte durch eine weltliche Behörde, und es machte sich also jeder Katholik, der daran Theil nimmt, einer schweren Verletzung der Kirchenverfassung und daher einer großen Sünde schuldig.

Wir, die Wir die Seelsorge in dem ganzen Erzbisthum zu verwalten haben und in unserem Namen verwalten lassen, haben auch das Recht und die Pflicht, die Mitglieder des Oberkirchenrathes vor Sünden zu warnen, sie darob zu ermahnen und zu strafen. Wir haben auch demgemäß dieselben ersucht dem allergnädigsten Regenten die Bitte vorzutragen, ihren Dienst so zu ordnen, daß dessen Versehung ihnen nicht zur Sünde werde; Wir haben sie also zur Uebung des Rechtes der Bitte und zwar einer Bitte für ihre verfassungsmäßige Gewissensfreiheit ermahnt.

Sie haben in ihrem Vertheidigungsschreiben die Rechtmäßigkeit der Zuständigkeit ihres Amtes nicht zu beweisen gesucht; sie haben sich blos zur Rechtfertigung ihrer Amtsthätigkeit auf hohe Befehle berufen; sie haben Unsere Ermahnungen nicht befolgt: Wir, die Wir nur ihre Gewissen anriefen, haben Unsere Mahnungen immer eindringlicher wiederholt und sie endlich mit

Kirchenstrafen bedroht: sie aber blieben hartnäckig und zwingen Uns zu deren Vollzug, zur Ausschließung aus der Kirche. Die erste Aufforderung an die Mitglieder des großherzoglichen Oberkirchenrathes erließen wir in Betreff der Besetzung der Pfarreien und anderen Pfründen,, rücksichtlich deren Wir sie ermahnten, als Katholiken dem kanonischen Recht gerecht zu werden, welches diese Besetzung der Pfarreien und Pfründen dem Bischof zuscheidet, dem Landesherrn aber nur in dem Fall ein Präsentationsrecht zuerkennt, wenn er seine Fundation nachzuweisen vermag. Gewiß ist es ein eigenthümliches wohl nirgends mehr vorkommendes Zeichen hiesiger Zustände, daß die Regierung Uns, dem Erzbischof, von 800 Pfarreien kaum einige zu besetzen gestatten will. So haben wir denn endlich, da Wir eine langwierige Erledigung der Pfründen nicht dulden dürfen, in Unserer Besorgtheit für das Heil der Seelen angefangen, Pfarreien zu verleihen, und zuerst die Spitalpfarrei in Constanz, auf welche nach Unserer Einladung die Regierung kein Patronat des gnädigsten Landesherrn nachzuweisen versucht hat.

Wir haben endlich die Aufnahme der künftigen Geistlichen in das Priesterseminar lediglich von Unserer Prüfung ohne Zulassung eines landesherrlichen Commissärs abhängig gemacht, weil nur Wir ihnen die heiligen Weihen zu ertheilen und über deren würdigen Empfang zu entscheiden haben.

Diese drei Handlungen: die lediglich persönliche und seelsorgliche Belangung der Mitglieder des Oberkirchenrathes, die Besetzung der erwähnten Pfarrei und die Prüfung der Seminaristen, lauter rein kirchliche Handlungen, welche die durch die Landesverfassung der Kirche zuerkannte Autonomie gestattet und wozu in allen Ländern der Welt den Bischöfen das unbestrittene Recht zusteht, hat das großherzogliche Staatsministerium als Eingriffe in die landesherrlichen Hoheitsrechte anzusehen und zu behandeln für gut befunden. Dasselbe hat eines seiner Mitglieder in der vorletzten Woche an Uns abgeordnet, und zuerst Uns allein, sodann in einer mit Uns und unserem Domcapitel gehaltenen Versammlung unter Drohungen Uns aufgefordert, Unsere vorerwähnten Handlungen als Acte des Ungehorsams gegen die „Landesgesetze" zurückzunehmen und Uns vorbehaltlos dem thatsächlich bestehenden Staatskirchenrecht zu unterwerfen. Unsere heilige Kirche lehrt Uns aber die Verpflichtung, den rechtmäßigen Gewalten nur in erlaubten Dingen zu gehorsamen. Der Christ darf der bürgerlichen Gewalt nicht gehorsamen, wenn sie etwas an sich Unerlaubtes gebietet, aus dem einfachen Grunde: weil solches von Gott verboten ist, man aber Gott mehr als den Menschen gehorchen muß. Wir wiesen daher pflichtmäßig diese Zumuthung zurück und das hochwürdige Domcapitel hat, wie es von ihm zu erwarten war,

zu seinem Bischof gestanden. Wir haben Unseren festen Ent=
schluß, die Gerechtsame der Kirche zu wahren, in einer beson=
deren Eingabe an das großherzogliche Staatsministerium vom
4. dieses Monats ausgesprochen.

Nun sollte aber das Unglaubliche und in der
ganzen Kirchengeschichte Unerhörte geschehen!

Durch eine im Regierungsblatt verkündete Staatsministerial=
verordnung vom 7. dieses Monats wurde Uns, dem Bischofe
von einer Million Gläubigen und Metropoliten einer weiten
Kirchenprovinz, die kirchliche Regierung des Uns von Gott über=
tragenen Erzbisthums thatsächlich eingestellt. Die Regierung
dieses Uns theuern Theiles der Kirche soll nach der Anordnung
des großherzoglichen Staatsministeriums ein untergeordneter
Polizeibeamter führen, ohne dessen Genehmigung Wir, der Erz=
bischof, und Unser Ordinariat keinen amtlichen Act oder Erlaß
mehr sollen an die Gläubigen ergehen lassen dürfen. Und dieser
Beamte, der in der katholischen Kirche getauft ist, hat den Auf=
trag gegen seine Mutter angenommen und ruft sie zu seiner
Bestrafung heraus.

O, dürften Wir rufen mit einem großen Bekenner der
neuesten Zeit: „Gott Lob: jetzt kommt die Gewalt!„ Aber, was
Uns geschieht, ist nicht die offene Gewalt — diese Gewalt hat
noch etwas den Schein der Achtung Gewinnendes; aber hier
will man die Kirche und ihren von Gott gesetzten Oberhirten —
wir scheuen den Gebrauch des Ausdruckes nicht — mundtodt
machen!

Man hat durch diese Verordnung Unsere geistlichen Söhne
von Uns, ihrem geistlichen Vater, abzulösen gesucht: man hat
ihnen geschmeichelt, zugleich aber deren Ehre bloß gestellt, indem
man deren präsumtiven Ungehorsam belobt und ihm zeitlichen
Vortheil verheißen.

Man hat Uns, den von Gott gesetzten Hirten, durch Polizei=
mittel von unserer Heerde zu trennen gesucht. Man hat ohne
allen Grund den kirchlichen Gehorsam und dessen offenes Be=
kenntniß der Störung der öffentlichen Ruhe gleichgestellt. Man
hat alle Gläubigen, welche in die Vertheidigung der Rechte der
Kirche eintreten, mit den Strafen aus der Zeit des ermäßigten
Kriegszustandes bedroht.

Man hat in einem Land mit verfassungsmäßiger Preß=
freiheit alle Druckereien mit Beschlag belegt, damit sie Nichts
von Uns zur Vertheidigung der Rechte der Kirche drucken können.
Man hat gegen die treuen katholischen Priester die Anwendung
der Polizeigewalt gedroht, den pflichtvergessenen die Straflosig=
keit versprochen.

So hat man zu allen früheren Vergewaltigungen noch die
äußerste Verunehrung der Kirche gefügt!

Ja, die letzten Schritte des Staatskirchenthums zeigen Jedem, welchen Plan es gegen die Kirche Gottes verfolgt: sie enthüllen das Endziel auf dem entsetzlichen Felde, wo die Kirche weder leben noch sterben konnte.

Jetzt wird endlich das öffentliche Urtheil derer, die noch Glauben haben, und derer, welche die Gerechtigkeit lieben, klar werden. Dieser Theil des Erbes Gottes ist zwar schon längst den Gerechten ein Aergerniß gewesen, aber jetzt erst ist es un= verhüllt vor aller Welt getreten.

Wir, geliebte Priester und Gläubige, sind jetzt gegeben zum Schauspiel den Engeln und den Menschen. Seien wir Alle in dieser schweren Lage unserer Mutter der heiligen Kirche würdig. Seien wir Gott ergeben, opferwillig, gehorsam nach dem Vor= bilde Desjenigen, der gehorsam war bis zum Tode, und zwar bis zum Tode des Kreuzes. Uns selbst aber möge der all= mächtige Gott die Kraft verleihen, daß Wir euch zum ermun= ternden Beispiel werden, treu dem Rufe: „Für die Gerech= tigkeit ringe mit aller Kraft deiner Seele und bis zum Tode streite für die Gerechtigkeit. Und Gott wird für dich deine Feinde bewältigen."

Wir sind im Dienste der Kirche ergraut; jetzt ist es gerade ein halbes Jahrhundert, daß Wir in den Rath des Bisthums Constanz eingetreten: möge Uns der liebe Gott des Marterthums der Gewalt in Seiner Gnade würdigen!

Wir sehnen Uns zu Unserem Herrn und Meister, dem ewigen Könige Unserer Kirche, versammelt zu werden, damit Wir ihm Rechnung legen, nicht für Unsere Thaten, die gering nur wiegen auf der Waage der Gerechtigkeit, aber doch für Unseren guten Willen.

Täglich haben Wir im heiligen Meßopfer mit Treue ge= betet: „Herr ich habe geliebet die Zierde deines Hauses und die Wohnstätte deiner Herrlichkeit." Und so dürfen Wir auch flehen zu dem Herrn: „Verdirb nicht, Gott, meine Seele mit dem Gottlosen, in deren Händen Ungerechtigkeiten sind."

Priester und Gläubige, Unser Herz wird müde, und ge= altert haben Unsere Glieder. Unser Fuß steht im Grabe. Und doch sagen wir gefaßt mit dem h. Thomas: „Mit der Barm= herzigkeit Gottes geschieht Nichts von mir zur Gefährde der Kirche, so lang mich das Leben geleitet; diesen Weg habe ich erwählt, diese Richtung werde ich unter der Führung Christi nicht wechseln, denn dieser Weg ist mir der heilsame, — — das ist der königliche Weg, welcher zum Leben führt. Auf diesem sollet auch ihr wandeln, auf daß ihr folget den Fußtapfen Christi, den Fuß= tapfen der Apostel. Nicht durch Bemäntelung, nicht durch List soll die Kirche regiert werden, sondern durch Gerechtigkeit und Wahrheit, welche den sie befolgenden von jeder Gefahr befreit. Das thuet

und ihr werdet gewiß Gott zum Helfer haben und fürchtet
übrigens nichts, was Euch die Menschen thuen".

Gewähret, Geliebteste, Eurem bald scheidenden Oberhirten
zwei Bitten; es sind vielleicht die letzten:

Ueberlasset diesen Kampf um die Ehre Gottes und um die
Freiheit der heiligen Kirche mit Zuversicht nur meinen alten
Schultern. Bleibet Euerem von Gott gesetzten Landes=
herrn treu und gehorsam, eingedenk und unbeschadet
Eueres Glaubens. Dieser Kampf findet in einem constitutio-
nellen Staate ohnehin nur statt gegen das verantwort-
liche Ministerium: unnahbar steht über diesem Kampfe die
Krone. Haltet Ordnung und behaltet im Hinblick auf die Gerechtigkeit Unserer Sache Vertrauen auf die Gnade Gottes, auf
den Gerechtigkeitssinn Eures Durchlauchtigsten Regenten und
auf das Gebet der katholischen Christenheit. Erlaubt Euch keinerlei Störung der Ordnung und des öffentlichen Friedens, das
hieße die reine heilige Sache entweihen. Wir selbst müßten
jede solche Ausschreitung mit der Strafe der Kirche rügen.
Wir erwarten aber von Euch mit Zuversicht, daß ihr den Anordnungen eures Oberhirten, der in diesem Kampfe blos für
die Gebote Gottes und seine Pflicht einsteht, furchtlos und
willig gehorsamet. Unser Domcapitel hat sich zur Freude und
zum Trost Unseres Herzens wie Ein Mann um uns geschaart.
Auch Ihr, hochwürdige Priester, werdet mit Uns vereinigt bleiben
wie die Rebschosse mit dem Weinstock, werdet übereinstimmen
mit Uns, wie die Saiten auf der Cither, auf daß Christus Unser
lieber Herr und Heiland besungen und verherrlicht werde.

Sodann einigt Euch mit Uns im Gebet, in unermüd-
lichem Gebet für die bei uns leidende Kirche; im Gebet zum
allmächtigen Gott, dem Vater welcher die Herzen der Mächtigen
wie Wasserbäche lenkt, im Gebet zum ewigen Sohn, der siegreich
waltet als unsichtbares Haupt in Seiner Kirche, im Gebete zum
heiligen Geist, der ihr gegeben ist zum Tröster bis an das Ende
der Tage, im Gebet zur allerseligsten Jungfrau Maria, der
milden Mutter der Gnaden, die Keinen unerhört läßt, der um
ihre Fürbitte fleht in diesem Jammerthale der Zähren.

Erwecket die Fürbitte aller Heiligen, die in diesem Leben
für unsere heilige Kirche gekämpft, gelitten und geblutet, daß
sie mit uns beten am Throne des Ewigen. Wenn Gott mit
uns ist, wer ist gegen uns?"

Dieser Hirtenbrief, dessen Druck und Verbreitung unter dem
Clerus große Schwierigkeiten machte, da die Polizei scharf darauf
fahndete, ward im Lande verlesen. Die verlesenden Geistlichen
wurden theils in Haft gesetzt, theils mit Geldstrafen belegt.
Unter tausend Priestern hatten nur zehn Gehorsam verweigert,
die suspensirt wurden. In vielen Orten stand das Volk namhaft

hinter dem Geistlichen, bereit, ihn gegen jede Gewaltthat zu schützen — an allen Orten aber war der Eindruck, den der Hirten=brief hervorgerufen, ein tiefer.

Unterm 4. Dezember erließ sodann der Erzbischof noch den Befehl an die Geistlichen, an vier aufeinander folgenden Sonn=tagen den Gläubigen über den Kirchenstreit (über die Rechte der Kirche u. s. w.) zu predigen.

Indeß war die kirchliche Bewegung in Baden in's Ausland gedrungen und hatte in ganz Europa und selbst in Amerika und in fernen Missionsländern die größte Theilnahme hervor=gerufen, die sich in zahlreichen Adressen aus allen Welttheilen an den greisen Erzbischof kund that. Unter diesen Adressen waren über 240 von katholischen Erzbischöfen und Bischöfen, von denen einzelne zugleich namhafte Geldbeiträge einsandten. Auch der Papst sprach in einer Allocution vom 15. Dezember von dem leuchtenden Beispiele des Erzbischofs von Freiburg, „der, ent=schlossen, dem Kaiser zu geben, was des Kaisers, und Gott, was Gottes ist, weder durch Drohungen, noch durch Furcht vor Gefahren abgeschreckt werde, die Gerechtsame der Kirche und die Pflichten des oberhirtlichen Amtes kräftig zu vertreten".

Als kräftigen Trost für die sich steigernden Kämpfe des kommenden Jahres kamen dem heldenmüthigen Oberhirten unterm 9. Januar und 27. Februar 1854 zwei äußerst lobende und er=munternde Breven des hl. Vaters zu. „So fahre denn fort, sagt Pius in der erstern, ehrwürdiger Bruder, in der Kraft dessen zu kämpfen, der alle Zeit mit seiner Kirche ist und denen, die den guten Kampf kämpfen, die Krone und Palme in Bereit=schaft hält . . . . Wir seufzen mit dir, ehrwürdiger Bruder, und betrachten deinen Schmerz als den unsern und die Wunden, die dir geschlagen werden, als die Wunden des hl. Stuhles. Aber es lindert unsern Schmerz deine bischöfliche Stärke und Ausdauer, indem du wie eine Mauer dastehst für das Haus Israel."

Sofort erließ hingegen der Erzbischof unterm 5. Mai ein Circular, das den Gläubigen von der Kanzel verlesen wurde und worin gesagt war: „Das katholische Kirchenvermögen sei durch Beiträge, nicht des Staates, sondern frommer Gläubigen an die Kirche entstanden zum Zwecke der Erhaltung der katho=lischen Religion, zur Ehre Gottes, wie zum Wohle und Heile der Gläubigen. Deßwegen habe die Kirche ihr Vermögen zu allen Zeiten selbstständig verwaltet. Es läge kein Grund vor=handen, die katholische Kirche unter Vormundschaft zu stellen, und es dürfe ihr daher auch nicht verweigert werden, ihr Eigen=thum, ohne Staatseinmischung, wie jeder andere Eigenthümer zu besitzen, zu verwalten und zu verwenden. Ueberdies hätten die Stifter ihr Gut nicht dem Staate, sondern der Kirche zur Verwendung für kirchliche Zwecke unter kirchlicher Leitung ge=

geben. Es dürften daher auch weltliche Stellen sich keine Eingriffe in die Verwaltung und Verwendung des Kirchenvermögens erlauben, weil sie sonst die kirchlichen Stiftungen ihrem Zwecke entzögen und sich einer Verfassungsverletzung schuldig machten, da der badische Staat die Katholiken seiner Zeit mit dem in allen Ländern und insbesondere in Deutschland geltenden Rechte des unangefochtenen Besitzes ihres Eigenthums übernommen habe."

Demgemäß verfügte der Erzbischof:

1) Die Ortskirchen-, Pfarr-, Stiftungs- und Schulfonds, die Eigenthum der Kirche sind, werden von dem katholischen Ortsstiftungsvorstande in bisheriger Weise verwaltet.

2) Die Leitung, Verwaltung und Verwendung aller dieser Fonds steht nur dem Erzbischofe zu.

3) Da die weltliche Macht kein Recht auf die Stiftungen hat, so machen sich alle Stiftungsvorstände und Rechner, welche Verfügungen weltlicher Behörden auf das Kirchenvermögen beachten oder vollziehen, außer der fremden Sünde auch des Vergehens einer Mitbeeinträchtigung fremden Eigenthums schuldig. Sie werden daher bei Vermeidung eigener Haftbarkeit verpflichtet, keine Weisung weltlicher Stellen zu vollziehen.

„Der göttliche Stifter", schließt der Oberhirte sein Schreiben, „unserer heiligen Kirche wird, so hoffen wir mit Zuversicht, ihre Rechte vertheidigen und die Gebete und Thränen erhören, welche für unsere schwer bedrängte Religion zu ihm emporsteigen. Er macht unsere alternde Kräfte stark zur Erringung der ursprünglichen Freiheit seiner unbemakelten Braut".

Dieser Hirtenbrief verfehlte seine Wirkung unter den Gläubigen nicht. Die Gemeinden erhoben sich für den Erzbischof, namentlich die altgläubigen Odenwälder, wohin die Regierung deßhalb militärische Execution senden mußte.

Der Erzbischof selbst aber wurde, weil er durch seinen Hirtenbrief sich gegen die Verfügungen der Staatsgewalt aufgelehnt und Andere zum Ungehorsam gegen die Staatsordnung aufgereizt habe — am 22. Mai in seinem Palais verhaftet.

An diesem Tage hatte der Erzbischof, wie gewöhnlich, von 9 Uhr Morgens bis Nachmittags 3 Uhr der Sitzung des Ordinariats angewohnt. Als er nach Hause kam, wurde er von dem badischen Amtmann von Senger als verhaftet erklärt und während dreier Stunden inquirirt. Auf die Frage, wer den Hirtenbrief vom 5. Mai verfaßt habe, erwiederte der Erzbischof: „Der Hirtenbrief ist von mir, dem Metropolitan der oberrheinischen Kirchenprovinz ausgegangen. Ich habe für meine obrigkeitlichen Handlungen keinem badischen Amtmanne Rede zu stehen."

Während seiner Haft, die bis zum 30. Mai dauerte und welche er eine „süße Gefangenschaft" nannte, äußerte der greise Oberhirte: „Ich leide gerne, aber für meine Kirche betrübt es

mich), daß man sie schmäht und fälschlich anklagt, ihrem Ober=
hirten aber den Mund verschließt. Unbekümmert um die Welt
bin ich voll Hoffnung für die sich bereitende Zukunft zu Gottes
Ehre und dem Aufblühen unserer bisher geknechteten Kirche."

Die ernste Haltung der Katholiken des In= und Auslandes,
welche die Kunde von der Verhaftung des Erzbischofs hervor=
gerufen, hatte die Regierung bewogen, die Haft so bald wieder
aufzuheben. Doch kam unterm 7. Juli die Anklage gegen den
Erzbischof wegen „Amtsmißbrauch und Störung der öffentlichen
Ruhe und Ordnung" vor dem großherzoglichen Hofgericht zur
Verhandlung. Der Obergerichtsadvocat Lamey, der später in
seinem Ministeramte so feindselig gegen die katholische Kirche
in Baden auftrat, hatte damals mit dem Rechtsanwalt Schmidt
in Freiburg die Vertheidigung des Erzbischofs übernommen.
Er begründete, daß die Stellung des Landesbischofs eine beson=
dere, in Kirchensachen, kraft anerkannten Staats= und Kirchen=
rechts, unabhängige sei, und daß daher kirchliche Verordnungen,
die im Widerspruch mit weltlichen Verordnungen stehen, nur
Conflicte, nie aber Strafe hervorrufen könnten.

Der Prozeß wurde hierauf niedergeschlagen, und ein Ur=
theil unterblieb.

Die Stellung eines Bischofs vor ein bürgerliches Straf=
gericht, um hier wegen eines Vergehens abgeurtheilt zu werden,
war ein Ereigniß, das die ganze katholische Welt, so weit die
Kunde davon drang, in Erschütterung setzen mußte; eine Er=
schütterung die noch mehr gesteigert wurde durch die ehrwürdige
Persönlichkeit des Prälaten, der von einer solchen Maßregel
betroffen wurde. Ueberall im Lande Baden daher das unab=
lässige Gebet der Gläubigen für den schwer bedrängten und be=
leidigten Oberhirten. Aus dem katholischen Frankreich kam
gleich nach der Freigebung des Erzbischofs eine Deputation
französischer Katholiken nach Freiburg und überreichte dem
tapfern Oberhirten einen prachtvollen Hirtenstab mit der Um=
schrift: „In mundo pressuram habebitis, sed confidite, Ego
vici mundum." („In der Welt werdet ihr Bedrängniß haben,
aber Muth: Ich habe die Welt überwunden.")

Auf der Krümmung des Hirtenstabes ist der Engel zu
Pferde, der den Tempelschänder Heliodor (2. Maccabäer 3.)
niedertritt, mit dem Motto:

„Non praevalebunt." (Sie werden sie nicht überwältigen.)

Gegen die ungerechte Beschuldigung, als habe er die Unter=
thanentreue und den Gehorsam gegen die Landesgesetze verletzt
— er, der ein Greis von 82 Jahren, an der Schwelle der
Ewigkeit stehe und der zur Zeit des fast allgemeinen Abfalles
dem Staate seine Treue bewahrt und bewiesen habe — erließ
der Erzbischof einen entschiedenen Hirtenbrief.

Die Regierung mochte jetzt endlich wohl zur Einsicht ge=
kommen sein, daß sie auf dem Weg der Gewalt nichts ausrichte
und dadurch der Riß immer größer werde, und — begann daher
die Unterhandlungen mit Rom. Von da ab ruhte der Streit.
Schon in dem Erlaß vom 27. März hatte das Ministerium
den Erzbischof benachrichtigt, daß in kürzester Frist ein außer=
ordentlicher Gesandter, in der Person des Grafen von Leiningen,
sich nach Rom begeben werde, um mit dem päpstlichen Stuhle
selbst wegen fester Ordnung der kirchlichen Verhältnisse zu unter=
handeln. Wirklich war bald darauf der Graf nach Rom abge=
gangen. Er fand für seine Person, nicht aber für seine Sache
günstige Aufnahme; namentlich da in Rom die Gefangennahme
des Erzbischofs bekannt geworden war.

Auf diese Nachricht hin richtete der Cardinal Antonelli so=
fort eine Note an den Grafen, worin er das Verfahren des
Erzbischofs rechtfertigt; „denn es war, sagt er, ein solches, wie
es ihm das Recht und die Pflicht in einer dringenden Noth der
Kirche auferlegte, und hatte deßhalb der erlauchte Prälat von
der badischen Regierung den gehässigen und schmählichen Vorwurf
des Mißbrauchs seiner Gewalt zum Schaden der öffentlichen
Ordnung nicht verdient."

Der badische Gesandte suchte zwar in seiner Antwort auf
dieses Schreiben des Cardinals das Verfahren seiner Regierung
zu rechtfertigen und die Verhaftung des Erzbischofs zu ent=
schuldigen, allein als er um einen Anfang der Unterhandlungen
zur Regelung der kirchlichen Verhältnisse bat, erwiderte ihm der
Cardinal, der Papst sei bereit, darauf einzugehen, jedoch müsse
vorher der Erzbischof in seinen Rechtszustand eingesetzt und das
Verfahren gegen ihn eingestellt werden.

Nach langem Zaudern ging die Regierung auf diese Vor=
bedingung ein und wurde dem Erzbischof unterm 8. August 1854
hierüber Mittheilung gemacht.

Graf Leiningen kehrte nun zwar zurück, aber der ihm beige=
gebene Staatsrath Brunner blieb, um ein Interim, d. h. einen
provisorischen Zustand bis zum Abschluß der Verhandlungen mit
dem heiligen Stuhle festzustellen. Dieses Interim kam schnell
zu Stande, wurde im November 1854 in Vollzug gesetzt und
der Erzbischof von Rom aus angewiesen, dasselbe gewissenhaft
zu halten; worauf Brunner zurückkehrte.

Doch rief dieser provisorische Zustand so manche Wider=
wärtigkeit hervor, daß die Regierung den Beginn der definitiven
Unterhandlungen nicht mehr länger verzögern konnte. Sie schickte
deßhalb gleich im folgenden Jahre den Staatsrath Brunner, als
ihren Bevollmächtigten, mit umfassenden Vollmachten wieder nach
Rom, und die Unterhandlung begann. Mitten in seiner Arbeit
starb jedoch Brunner im Sommer des Jahres 1857, und erst
ihm Frühjahr des folgenden Jahres trafen die neuen Bevoll=

mächtigten Badens zur Fortsetzung der Unterhandlungen in Rom
ein. Durch diese Unterbrechung und durch das zähe Nachgeben
der badischen Commissäre kam es, daß die definitive Vereinbar=
ung erst am 28. Juni 1859 unterzeichnet wurde. Durch Bulle
vom 22. September wurde sie vom Papste vollzogen und unterm
5. Dezember vom Großherzog verkündet. Der Erzbischof machte
sie in einem Hirtenschreiben vom 17. December seiner Diöcese
kund und veranlaßte auf den 6. Januar 1860 ein öffentliches
Dankfest.

Diese Convention des Großherzogs von Baden mit Papst
Pius IX. war nur die Befriedigung von Rechtsansprüchen der
katholischen Kirche und der Katholiken des Landes. Die Zu=
geständnisse, welche hiebei die großherzogliche Regierung der
Kirche gemacht hat, gingen keineswegs über das Maß der be=
rechtigten Rechtsansprüche der Kirche hinaus — vielmehr hatte
der päpstliche Stuhl, um den Frieden herbeizuführen, die kirch=
lichen Rechte mannigfach beschränkt und modificirt. Trotzdem
glaubten unsere neuen Volksbeglücker, Professoren und Kammer=
helden, durch die Convention sei das Staats= und bürgerliche
Leben in Baden an Rom verkauft. Man log und hetzte daher
von allen Seiten gegen dieselbe.

Hiedurch gedrängt, legte die Regierung der Kammer die
Convention zur Vollzugsgenehmigung vor; wiewohl dieselbe
rechtlich gar nicht mehr von der Zustimmung der Landstände
abhängig gemacht zu werden brauchte, da ja die Convention
vom Landesfürsten kraft seiner Souveränität abgeschlossen und
die seitherige Uebung dagegen war. So hatte der Landesherr
durch Edicte vom 5. und 26. Juni 1823 eine evangelische und
eine katholische Gemeinde constituirt; im Jahre 1830 wurde
das neue katholische Staatskirchenrecht festgestellt, ein Staats=
Ministerial=Erlaß vom 23. Mai 1840 entschied über die bischöf=
liche Gerichtsbarkeit, und die landesherrlichen Verordnungen
vom 1. und 3. März 1853 verbreiteten sich über fast alle Punkte,
welche die abgeschlossene Convention enthielt — und niemals
wurde bei all diesen Acten der Staatsgewalt die Einwilligung
der Stände vorbehalten und noch weniger eingeholt.

Die liberale Kammermajorität, die seitdem und mit ihr
eine „neue Aera" in Baden so Vieles gethan gegen die Kirche,
ließen unter großen Paukenstößen das Concordat fallen, das
keinerlei neue Grundsätze aufgestellt hatte und Niemanden ge=
bunden hätte, der nicht hätte gebunden sein wollen.

Der Großherzog erließ nun einen Aufruf an sein „theures
Volk", worin er sagte, daß ihn die Wahrnehmung, daß die ge=
troffene Uebereinkunft mit dem päpstlichen Stuhle Viele seines
Volkes in Besorgniß versetzt habe — mit Betrübniß erfüllt,
und er deßhalb dem lauten Bedenken, ob nicht die verfassungs=

mäßigen Organe darüber zu hören seien, seine ernste Aufmerk=
samkeit nicht habe versagen können.

Der Landsfürst spricht sodann seinen entschiedenen Willen
aus, daß der Grundsatz der Selbstständigkeit der katholischen
Kirche in Ordnung ihrer Angelegenheiten zur vollen Geltung
gebracht werde — und verheißt ein Gesetz, das, unterm Schutze
der Verfassung stehend, der Rechtsstellung der Kirche eine sichere
Grundlage verbürgen werde.

Dies Gesetz ward sodann als Entwurf der zweiten Kammer
am 22. Mai 1861 vorgelegt und als solches unterm 18. October
desf. Irs. verkündet.

Schon gegen die Entwürfe dieses Gesetzes hatte Erzbischof
Hermann unterm 2. Juli 1860 eine ausgezeichnete Denkschrift
erlassen, nachdem er vorher in einem ehrerbietigen Schreiben
(d. d. 12. April) den Großherzog, sowohl „im Interesse der Kirche
als des Thrones", um Vollzug der Convention vergeblich ge=
beten. Er sagt in diesem Schreiben, er halte sich um so mehr
zu dieser Bitte verpflichtet, weil er in seinem hohen Alter bereit
sein müsse, vor dem Richterstuhle Gottes über die Erfüllung
seiner oberhirtlichen Pflichten Rechenschaft abzulegen.

Die Antwort auf dieses Schreiben gab (unterm 7. Mai),
im Auftrag des Großherzogs, Staatsrath Lamey. Er wirft
darin vor Allem dem Erzbischofe vor, „daß er in gänzlicher
Verkennung seiner Stellung als Unterthan es gewagt habe, in
einem Rundschreiben an die Geistlichkeit (vom 21. April 1860)
von Prüfungen zu sprechen, welche die katholische Kirche unter
der gerechten Regierung des Großherzogs zu erdulden hätte".
Der Erzbischof wies in einem gemessenen Schreiben an den
Staatsrath dessen Vorwurf sofort in würdiger Weise zurück.
Bald darauf erschien die eben genannte Denkschrift.

Sie bespricht die neuen Gesetzentwürfe eingehend und scharf.
Sie werden vom Erzbischof vor Allem beanstandet, weil darin
einseitig von der Staatsgewalt, ohne alle Mitwirkung von Seiten
der Kirchengewalt, der Rechtsbestand der Kirche mehrfach ge=
ändert und dadurch auf die Verfassung und das innere Leben
derselben eingewirkt werde. Dies sei gegen die in Deutschland
geltenden völkerrechtlichen Verträge.

Zweitens würde durch die Vorlage der Gesetzentwürfe an
die Kammern die Entscheidung über die Verfassung der katho=
lischen Kirche und über die Rechte der Bischöfe und Geistlichen
confessionell gemischten politischen Versammlungen überlassen.
Dies sei in Deutschland bis jetzt nirgends geschehen und im
Widerspruch mit den allgemeinen Bestimmungen des Staats=
rechtes.

Endlich würden in den Entwürfen Bestimmungen über die
beiden christlichen Confessionen gegeben, als ob beide in ihren
Verhältnissen zum Staate sich ganz gleich wären. Dies sei aber

nicht der Fall, sondern in Bezug auf die oberste Kirchengewalt und die kirchliche Verfassung beider ein großer Unterschied.

Die Denkschrift schließt sodann, nachdem sie auch den Inhalt der Gesetzentwürfe beleuchtet hat, daß dieselben weder übereinstimmten mit der Convention, noch mit der ausgesprochenen Willensmeinung des Landesfürsten, daß der Grundsatz der Selbstständigkeit der katholischen Kirche zur vollen Geltung gebracht werde, — noch mit den Rechten der katholischen Kirche. Deßhalb hält er es auch für seine Pflicht, als katholischer Erzbischof eine förmliche und öffentliche Rechtsverwahrung gegen die Gesetzentwürfe auszusprechen — und erklärt zugleich, daß er bis auf andere Weisung vom heiligen Stuhle unverrückt festhalten werde, an den durch die Convention dem Erzbisthum Freiburg erwachsenen Rechten. Der Erzbischof schließt seine Denkschrift mit dem Wunsche und Gebete, wozu er Volk und Geistlichkeit auffordert: „Gott möge seine heilige Kirche schützen, damit Recht und Gerechtigkeit aufrecht erhalten werde, zur Ehre des badischen Namens, zum Wohle und Heile des badischen Volkes und des hohen badischen Fürstenhauses."

Die Denkschrift des greisen Oberhirten blieb ohne Wirkung, die Kammer nahm die Entwürfe an und unterm 9. Oktober erschien das Gesetz.

Am gleichen Tage wurde auch bekannt gegeben, daß der mit dem päpstlichen Stuhle abgeschlossenen Convention keine rechtliche Wirksamkeit beizulegen und das neue Gesetz an deren Stelle getreten sei.

Auch dem päpstlichen Stuhle hatte die großherzogliche Regierung unterm 14. Juni Mittheilung gemacht vermittelst eines Schreibens des Ministeriums des Aeußern an den Staatssecretär des Papstes, Antonelli. Außerdem hatte der Großherzog in einem eigenhändigen Schreiben an den heiligen Vater seine Entschließung ausgesprochen.

Die Antwort des päpstlichen Stuhles hierauf war kurz die, „daß derselbe nie Verhandlungen mit der badischen Regierung würde eingeleitet und abgeschlossen haben, wenn nicht die Bevollmächtigten Badens wiederholt versichert hätten, es stehe in der Macht des Großherzogs, die Convention unabhänig von den Kammern abzuschließen. Was sodann die neuen Gesetze betreffe, zu welchen die Regierung gegriffen habe, um auf diesem Wege die Beziehungen der Kirche zum Staate zu ordnen, so könne der heilige Stuhl nicht umhin, zu erklären, daß er der weltlichen Regierung niemals die Befugniß zugestehen könne, Gesetze über kirchliche Gegenstände zu erlassen und so die Kirchengewalt und die Rechte der Kirche zu begrenzen. Er protestirte daher sowohl im Allgemeinen gegen die Grundsätze, aus welchen die errichteten Gesetze abgeleitet seien, als auch insbesondere gegen die den Kammern vorgelegten Gesetze selbst, als solche, welche die Freiheit und die Unabhängigkeit der Kirche und die Ausübung ihrer un= veräußerlichen Rechte verletzen und beschränken."

So stimmte das Urtheil des heiligen Stuhles ganz mit dem des Erzbischofs überein.

Die Regierung suchte nun im folgenden Jahre eine fried= lichere Annäherung herbeizuführen und ging mit dem Erzbischof Unterhandlungen ein über einzelne Punkte des seitherigen Streites. Es kam denn auch wirklich im November 1861 zu einer Vereinbarung über die Besetzung der Pfründen und die Verwaltung des Kirchenvermögens und es wurden dadurch wenigstens in zwei wichtigen Punkten die Differenzen zwischen Staat und Kirche ausgeglichen. — Doch sollte der Friede nicht lange dauern und schon das folgende Jahr rief den unermüd= lichen Kämpfer, dem, scheint es, nie vergönnt sein sollte, seine Heerde in Ruhe zu weiden, auf's neue zum Streite.

Durch landesherrliche Verordnung vom 12. August 1862 wurde der Oberschulrath „zur Beaufsichtigung und Leitung des Schul= und Unterrichtswesens" errichtet; an seiner Spitze ein nationalliberaler Professor, Knies, aus Freiburg.

Sofort erließ das erzbischöfliche Ordinariat eine Zuschrift an das großherzogliche Ministerium des Innern, worin dasselbe die Mitwirkung der Kirche bei allgemeinen Verordnungen betreffs des Schulwesens, bei Bestimmung des Lehrplanes, der Lehr= und Lesebücher, ferner bei Erziehung der Lehrer verlangte. Doch der Oberschulraths=Director Knies, der sofort an eine Reform des Schulwesens sich gemacht hatte, erklärte von vornherein: der Staat allein habe das ausschließliche Recht auf Schule und Lehrer.

Und in diesem Sinne waren die unterm 5. Mai 1863 veröffentlichten „Thesen" desselben abgefaßt. Jetzt erschien die Denkschrift des Erzbischofs „über die Reform des Schulwesens". Sie weist in überzeugendster Weise nach, daß die Trennung der Schule von der Kirche, wie sie in den Reformvorschlägen aus= gesprochen sei, dem Wesen und der Aufgabe der Schule, den Grundsätzen und dem Zwecke des Rechtsstaates dem Rechte der Gemeinde, der Familie und der Kirche, widerspreche. Der Erz= bischof wünscht in dieser Denkschrift ebenfalls eine Regelung des Schulwesens, aber er verlangt, daß sie im Einklang stehe mit den Rechten des Staates, der Kirche, der Gemeinde und der Familie.

Dies gerechte Verlangen blieb unberücksichtigt und die Denk= schrift, wie schon so manch' ernstes und bittendes Wort des Erzbischofs, verhallte erfolglos.

Im Sommer des folgenden Jahres 1864 ward zunächst den Ständen eine Vorlage gemacht über die Aufsichtsbehörden der Volksschulen und genehmigt. Vergebens erhob der Erzbischof nachmals seine Stimme in dem trefflichen Hirtenbriefe vom 19. Juli 1864, worin er seine Gläubigen über den ausgebrochenen Schulstreit belehrte.

Er sagt darin, daß ihn vor Allem das Bewußtsein tröste, diese neue Schwierigkeit nicht herbeigeführt zu haben; er habe schon durch wiederholte, vergebliche Vorstellungen diese Störung zu beseitigen und eine Vereinbarung herbeizuführen gesucht. Nur eine Mitwirkung an der Leitung der Schule habe er verlangt. Doch eine im Lande herrschende Partei wolle eben die Kirche, wie überhaupt aus dem öffentlichen Leben, so auch aus der Schule vertreiben. Worte, die sich von Tag zu Tag mehr bewahrheiten!

„Man habe ja", fährt der besorgte Oberhirte fort, „in den Kammern geradezu erklärt, daß die vom Staate geleitete Volks= schule das sicherste Mittel darbiete, der Kirche für ihre Wirksam= keit den Boden unter den Füßen wegzuziehen. Das neue Gesetz hindere die Kirche, ihre heilige Pflicht in Bezug auf die Schule zu erfüllen und bedrohte die Jugend in ihrem heiligsten Gute. Und er sollte da seine Vaterstimme nicht erheben, um die lieben Kleinen vor der Gefahr zu schützen!

Die Volksschule sei eine Pflanzstätte christlicher Bildung und christlichen Lebens. Hiezu aber seien nothwendig die Seg= nungen von oben. Der Kanal aber, durch den die göttlichen Segnungen der Menschheit zukommen, sei die vom Gottessohne eingesetzte Kirche mit ihrem Lehr=, Priester= und Hirtenamte. Darum werde die Schule nur im lebendigen und bleibenden Zusammenhange mit der Kirche ihre Aufgabe erreichen zum Segen der Kinder, zum Glücke der Eltern und zum wahren Wohle des Staates und der Gesellschaft.

Das Hirtenschreiben schließt sodann mit den Worten: „Priester und Gläubige! So stehen wir denn fest im Herrn. Auf unserer Seite stehen die Geschichte, das Recht, die Gesittung und die Freiheit. Zu uns stehet das Gebet der Christenheit. Auf uns blickt die katholische Welt, ob und wie wir unsere Pflichten er= füllen. Auf unserer Seite kämpft Christus, das stets siegreiche Haupt seiner Kirche und als der allmächtige Hirt der in ihr verwahrten Heiligthümer. Darum vertrauen wir Gott: unsere Waffe sei das Gebet; unser Banner das Kreuz. In diesem Zeichen werden wir siegen."

Wenige Tage nach diesem Hirtenschreiben erschien unterm 5. August das Gesetz über die Aufsichtsbehörde der Volksschule und wurde sofort in Vollzug gesetzt. Dies war die Antwort von Carlsruhe auf den Hirtenbrief!

Im Dezember 1867 gingen denn auch die weiteren Gesetz= entwürfe zur vollen Verweltlichung der Schule in der zweiten Kammer durch und wurde unter Anderem der Religionsunterricht auf zwei Stunden wöchentlich beschränkt. Unterdessen war das

Ministerium Lamey in Folge der preußischen Siege von 1866 abgetreten und hatte dem Ministerium Jolly Platz gemacht; unter dem, wie hinlänglich bekannt, die seitherige Kirchenpolitik standhaft weiter geführt wurde. Es kamen: die Verordnung über das Staatsexamen der Geistlichen, die Verweltlichung der Schul- und Armenfonds, die Einführung der Civilehe und andere bekannte Gesetze.

Gegen erstere hatte der Erzbischof noch Protest eingelegt, mit dem gewöhnlichen „Erfolg". Doch nicht mehr lange mußte der greise Vorkämpfer, der so manches harte Jahr durchgekämpft, schauen die Leiden seiner Kirche. Die Zeit nahte, da er empfangen sollte die Krone des guten Kampfes.

Vorher noch sollte er, der so viel Schmerzliches getragen auf seinem Lebenswege, in seinen letzten Lebenstagen trostreiche und freudige Stunden erleben. Freundlich sollte ihm noch das Abendroth strahlen, das ihm voranleuchtete zum ewigen Morgen.

IV.

Schon am 12. Mai 1847 hatte Hermann von Vicari sein fünfzigjähriges Doctorjubiläum, am 1. Oktober 1847 seine Priestersecundiz, am 8. April 1857 das fünfundzwanzigjährige und am 8. April 1867 das fünfunddreißigjährige Jubiläum seines bischöflichen Amtes, am 12. Mai 1867 den siebenzigsten Jahrestag der Erlangung der Doctorwürde, am 1. Oktober 1867 den siebenzigsten Jahrestag des Empfanges der heiligen Priesterweihe gefeiert. Endlich sollte am 26. März 1868 das fünfundzwanzigjährige Jubiläum, als Erzbischof und Metropolit der Oberrheinischen Kirchenprovinz, begangen werden.

Höchst selten ist es einem Sterblichen vergönnt gewesen, eine solche Reihe von Jubelfesten zu feiern, wie sie Hermann von Vicari gefeiert hat. Unter allen diesen Jubiläen aber ward das letzte, am Vorabende seines Lebens, am festlichsten begangen und durch die lebhafteste Theilnahme in den weitesten Kreisen verherrlicht. Folgen wir diesem Freudentage des vielgeprüften Hirten etwas näher [1]).

Durch Ausschreiben des wenige Tage vor dem Jubiläum zum Weihbischof consecrirten Domdecan's Lothar Kübel war die kirchliche Feier des Festes auf den 25. März, Mariä Verkündigung, festgesetzt worden.

Am Abende des 24. März verkündeten die Glockenklänge von der altehrwürdigen Cathedrale in Freiburg, sowie von allen Kirchen der Erzdiöcese die große Feier des kommenden Tages.

Am Jubeltage selbst celebrirte der Jubilar=Erzbischof um 8 Uhr in seiner Hauscapelle die heilige Messe, wobei er zum

---

[1]) Nach der Schrift: Erinnerung an die Jubelfeier und Hingang des Erzbischofs von Freiburg. Freibg. 1868.

erstenmal das kostbare Meßbuch benützte, welches die Suffragan=
bischöfe der oberrheinischen Kirchenprovinz ihrem Metropoliten
zum Geschenke gemacht hatten. Es ist dies ein Kunstwerk ersten
Ranges, das auf der Pariser Industrie=Ausstellung von 1867
einen der ersten Preise errungen hatte. Auf dem ersten Blatte
steht in gothischen Lettern die Dedication:

„Dem hochwürdigsten und hochberühmten Herrn, Herrn
Hermann von Vicari, Erzbischof von Freiburg, dem un=
besiegten Vorkämpfer kirchlicher Freiheit, dem geliebtesten
Metropoliten, der seit 25 Jahren glücklich den Hirtenstab
führt und um die ganze oberrheinische Kirchenprovinz auf's
Beste sich verdient gemacht hat, wünschen am Jubelfest,
1868, am Tage der Verkündigung Mariens, die ergebensten
Suffraganbischöfe Petrus Josef Blum, B. von Limburg,
Josef Lipp, B. von Rottenburg, Christoph Lorenz Kött,
B. von Fulda, Wilhelm Emanuel Frhr. v. Ketteler, B. von
Mainz — Alles Glück von Gott, Heil, Segen und langes
Leben."

Die Festpredigt hielt im Dome der hochwürdigste Herr
Bischof von Mainz, „über die Stellung und Pflicht der Katho=
liken im Kampfe der Gegenwart"[1]). Der berühmte Kanzel=
redner hatte dieses allgemeine Thema gewählt, „weil er keine
Lobrede halten wollte; sie würde den hohen edlen und demüthigen
Sinn des Erzbischofs beleidigen. Auch auf die schmerzlichen und
schweren Kämpfe wollte er nicht eingehen, die der Jubilar in
seinem hohen Greisenalter noch zu bestehen habe, als treuer Hirt
seiner Heerde — um nicht die Ruhe des Tages zu stören und
den liebevollen Sinn des Erzbischofs zu verletzen, der nicht
kämpfe, weil er den Kampf liebe, sondern weil er kämpfen
müsse, um ein treuer Hirt zu sein."

Das Pontificalamt celebrirte der hochwürdige Herr Weih=
bischof Dr. Lothar Kübel; es war das erste, das von diesem
hochwürdigen Herrn nach Empfang der bischöflichen Consecration
abgehalten wurde. Nach langen Verhandlungen mit der Re=
gierung[2]) war es dem Erzbischofe endlich gelungen, in Dr. Kübel
den Mann zum Domdecan ernennen zu können, der jetzt in so
würdiger Weise, mit dem gleichen Muthe und der gleichen Ent=
schiedenheit in die Fußtapfen Hermann's von Vicari eingetreten ist.

Abgesandte der Regierungen, der oberrheinischen Kirchen=
fürsten, der Domcapitel, des Clerus, Vertreter der Universität,
des Militärs ꝛc. wohnten dem Jubeltag bei. Nur der Gemeinde=
rath von Freiburg, an seiner Spitze der bekannte Fabrikant
und liberale Reichstagsabgeordnete Fauler, hatte eine Theil=

---

[1]) Erschienen bei Herder in Freiburg.
[2]) Sehr interessant sind dieselben bei Brück l. c. p. 504 f. J. dar=
gestellt.

nahme am Feste abgelehnt, „weil er bei aller Hochachtung für die Person des hochw. Erzbischofs und sein hohes Greisenalter, gegenüber dem Verhalten der erzbischöfl. Regierung in verschie= denen, auch die Stadt Freiburg insbesondere tief berührenden Angelegenheiten, der Gemeinde diese Zurückhaltung schuldig sei."

Dem Dr. Michelis gegenüber aber glaubt der Gemeinde= rath in Freiburg zur Zeit keine Zurückhaltung schuldig zu sein! —

Schon am Vorabend seines Ehrentages war der Jubilar durch ein Telegramm erfreut worden, welches ihm die Glück= wünsche des hl. Vaters überbrachte. Wenige Jahre vorher hatte Pius IX., was wir hier erwähnen wollen, dem Erzbischof durch den Bischof von Mainz von Rom den Ring überbringen lassen, den einst der Erzbischof Fransoni von Turin getragen, und auf dem geschrieben steht: „Eusebio redivivo". Fransoni hatte diesen Ring dem Papste vermacht und dieser schenkte ihn dem Erz= bischof Hermann, welcher in seinem Testamente das Kleinod dem Bischof von Mainz hinterließ.

Die Festgäste und Deputirten der Regierungen waren nicht mit leeren Händen gekommen: Vom Großherzog von Baden brachte dessen Oberstkammerherr v. Reischach die goldene Kette zum Großkreuz des Zähringer Löwen; der preußische Geschäfts= träger in Karlsruhe überreichte im Namen seines Souverains das Großkreuz des Adlerordens; der württembergische Gesandte Freiherr von Soden übergab zwei Glückwunschschreiben, das eine von seinem Landesfürsten, das andere von der Staats= Regierung.

Im Namen der hochwürdigsten Suffraganbischöfe sprach der Herr Bischof von Mainz die Glückwünsche aus, die außerdem in einer besonderen Adresse Ausdruck gefunden; sowie auch der Domcapitel der oberrheinischen Kirchenprovinz. Von dem deut= schen Episcopat liefen zahlreiche Glückwünsche ein an seinen „Nestor und Vorkämpfer". „Ganz Deutschland", hieß es in einem derselben, „blickt mit Bewunderung und hoher Verehrung auf Euer Exzellenz, und der deutsche Episcopat erblickt an Hoch= demselben mit Stolz und wahrem Hochgefühle sein leuchtendes Vorbild im Kampfe für die Freiheit und Rechte der Kirche, der gegenwärtig in allen Ländern entbrannt ist."

Im Namen des Metropolitancapitels und der gesammten Geistlichkeit sprach der hochwürdigste Herr Weihbischof Dr. Kübel, aus dessen tiefgefühlten Worten wir nur folgende hervorheben: „Euer Exzellenz sind der Erzdiöcese geworden „ein Helfer zur gelegenen Zeit"; haben als treuer Beschützer Ihrer anvertrauten Braut, deren schönsten Schatz — die Freiheit — gesichert; ge= schützt das Heiligthum der Familie; bewahrt die Jugend in der gesunden Lehre; unversehrt und geeinigt weidet die Sie innigst liebende Heerde auf guter Weide. Zum Segen ewiglich hat Sie der Herr uns gesetzt. Darum danken wir dem Herrn aus ganzem

Herzen und lobsingen wir seinem Namen. Und ewigen Dank schulden wir Euer Excellenz für den Reichthum des Segens, den Ihr apostolischer Muth, Ihre opferwillige Hirtenliebe, Ihre so wachsame und so weise Hirtensorgfalt, Ihr oberhirtliches Gebet uns gebracht hat. Wir verdanken Euer Excellenz die Rettung der Heilsgüter unseres Glaubens und die gute Grundlage für die Zukunft."

Zugleich stellte der Domdecan im Auftrage des Capitels dem Jubilar tausend Gulden zur Verfügung, die der Erzbischofs-Hermann-Stiftung zugewiesen wurden, welche unseres Wissens die Erhaltung des Freiburger Knabenseminars bezweckt und gleich zur Festfeier noch durch weitere ansehnliche Beiträge von Gemeinden und Privaten sich vergrößerte.

Auch der Herr Staatsminister Jolly hatte ein Gratulations-schreiben an den greisen Erzbischof durch den Landescommissär Winter in Freiburg überreichen lassen. Er sagt darin: „Unter den reinigenden und erhebenden Einflüssen der Religion veredelt sich der einzelne Mensch, gedeiht jede Gesellschaft zu höherer Entwicklung. So fühlt sich der Staat der Kirche, als der Pflege in der Religion, enge verbunden und das Fest, welches die Kirche in der Jubelfeier Euer Erzbischöflichen Excellenz begeht, wird von der aufrichtigen Theilnahme des Staates begleitet."

Schöne Worte, die aber von den Staatsmännern neuerer Tage nicht mehr beachtet zu werden scheinen!

Nachmittags 4 Uhr, am Festtage, wurde von den katholischen Vereinen Freiburgs eine eben so schöne, als sinnige Feier veranstaltet. Nach Absingen der Piushymne bestieg der nun verewigte Hofrath Dr. Zell die Rednerbühne und hob in herrlichen Worten, wie sie nur ein Humanist, wie Zell, geben konnte, die Bedeutung des Festes und die Hoffnungen der Katholiken in den schweren Kämpfen der Gegenwart hervor.

Als eigentlicher Festredner trat nach Dr. Zell der geistliche Rath Professor Dr. Alzog auf. Nach einem kurzen Lebensbilde des Gefeierten gab der Redner einen Rückblick über die großen Welt-Ereignisse, die alle vorüberzogen an dem Leben des fast 100jährigen Erzbischofs in folgenden herrlichen Worten:

„So hat der ehrwürdige Greis fast ein ganzes Jahrhundert durchlebt, das ungeheure, zahlreiche Ereignisse im Gefolge hatte, wie kaum ein anderes in der Geschichte Europa's. Als Jüngling erlebte er die Gräuel der französischen Revolution; die Enthauptung des unglücklichen Königs Ludwig XVI.; die Beraubung der Kirche und den empörend frivolen Cultus in den Gotteshäusern Frankreichs und die Verfolgung und Vertreibung der glaubensfesten Priester Frankreichs, die in fremden Landen, auch in Deutschland, um eine gastliche Aufnahme flehten. Als Mann in destinquirter kirchlicher Stellung sah er den frommen Dulder Papst Pius VI. in der Gefangenschaft sterben und seinen Nachfolger Pius VII. in neue Gefangenschaft gerathen; und über diesem Schmerze mußte er noch die uns gegenwärtig ganz unerklärliche Gleichgültigkeit der damaligen katholischen Christenheit betrauern. Bald darauf sah er auch den Verfall der katholischen Kirche im deutschen Vaterlande und die freche Erhebung des Unglaubens. Vor seinen Augen brach der Organis=mus der katholischen Kirche in deutschen Landen zusammen: die zahlreichen Bisthümer wurden unterdrückt, die in Jahrhunderten frommen Glaubens errichteten, um die Civilisation und die Societät hochverdienten Abteien und Klöster säcularisirt. In Trümmer stürzte vor ihm das seit dem 16. Jahrhundert tief zerklüftete deutsche Reich und ward nach furchtbarer Verwüstung während der andauernd blutigen Kriege in einem Theile die napoleonische Zwingherrschaft errichtet, bis der gewaltige Dictator selbst be=zwungen ward, im fernen Exil starb, wogegen der von ihm schmachvoll mißhandelte Papst Pius VII. wieder in sein Rom einziehen konnte und auch die ihm entrissenen Territorien des Kirchenstaates zurückerhielt.

Was unser hochwürdigster Erzbischof alsdann mit uns und unter uns erlebt und erduldet bis zu zeitweiliger Beraubung seiner Freiheit und durch Verunglimpfung in kirchenfeindlichen Blättern, wollen wir nicht weiter verfolgen, dagegen an der Thatsache uns erfreuen, daß er unter allen diesen ungeheuern Umwälzungen und Wandlungen stets derselbe geblieben ist. Der Grund davon liegt einzig in seinem festen, von frommen Eltern als das schönste Vermächtniß ererbten unerschütterlichen Glauben an den Bestand des christlichen Religion und der katholischen Kirche. Die Verheißungen für Beide: „Himmel und Erde werden vergehen, aber meine Worte werden nicht vergehen; und die Pforten der Hölle werden meine Kirche nicht überwältigen", haben ihn jeder Zeit erhoben und ermuthigt. Ohne diese Ueberzeugung würde seine so zart angelegte Natur, ein Mann von so klarer Erkenntniß der kirch=lichen und politischen Zustände in den verschiedenen Epochen seines Lebens, und von so zartem Mitgefühl für jegliches Wohl und Wehe aller Menschen, durch jene erschütternden Ereignisse frühzeitig zermalmt und aufgerieben worden sein." —

Eine von Dr. Zell eigens gedichtete Cantate, componirt von Domcapellmeister Schweizer, bildete den Schluß der schönen Feier im Vereinshause.

Aus München war von der bekannten katholischen Dichterin, Emilie Ringseis der folgende Festgruß eingetroffen:

Als vor fünfundzwanzig Jahren man Dich hieß zum Erstenmal
Hermann, Erzbischof von Freiburg, klang prophetisch solche Wahl.
Milder Bischof Deiner Heerde, Hirt und treues Vaterherz.
Aber für die Rechte Gottes Deinen Gegnern ganz von Erz!
Neue Zeiten, neu Bedürfniß! Hermann schlug das alte Rom;
Heute gilt es Roms Befreiung hier wie vor St. Peters Dom.

Hermann duldet keine Knechtung Seiner freigebor'nen Braut,
Die sich mit dem Bischofsringe feierlich Ihm angetraut.
O vortrefflicher Vicari des Vicares Christi Du,
Kämpfend für der edlen Freiburg, für der Kirche Recht und Ruh!
Silbern ründet sich die Jahrzahl, und wir blicken stolz gerührt
Auf den Greis, der also kräftig seines Amtes Zeichen führt.
Manches jüng're Herz, entmuthigt, kampfesmüd so mancher Arm
Fühlt durch einen Blick nach Freiburg sich gestählt und froh und warm.
Ja, du Greis am Tiberstrande, und im Rheingefild Du Greis,
Euer ist vor allen Andern dieser Zeiten Ehrenpreis.

So verlief das große Fest auf's Herrlichste und tief bewegt
und tief erfreut war der greise Kirchenfürst über all' die Liebe
und Verehrung, die dieser Tag ihm gebracht. Es war, als sollte
an diesem Tage der Glanz all der Großthaten des standhaften
Bekenners sich in einem Punkte concentriren, um als glänzende
Sonne in den Abend seines Lebens hineinzustrahlen. Der Herr
wollte seinen großen Diener „im Frieden scheiden lassen" und
„friedlich" nahten sich ihm an jenem Festtage alle die Mächte,
mit denen er seit Jahren gekämpft, und erkannten feierlich bei
dieser Gelegenheit an das Große, das Erzbischof Hermann für
seine Kirche gethan.

Nach diesem irdischen Lohn hatte der „große Hirte" be=
schlossen, seinen treuen Diener abzurufen.

Am 25. März war die Jubelfeier und schon am 14. April
sollte der hohe Greis seinen Weg zur ewigen Jubelfeier an=
treten — in der ersten Stunde des Osterdienstags rief der Herr
ihn ab zum ewigen Osterfeste. Noch am Dienstag in der Char=
woche feierte der geliebte Oberhirte froh und heiter sein Namens=
fest und am Mittwoch in ernster Stille seinen Consecrationstag.
Wenige Tage zuvor hatte er den Souveränen der oberrheinischen
Kirchenprovinz und dem Staatsministerium seinen Dank brieflich
abgestattet und beabsichtigte eben dem deutschen Episcopat, den
Vereinen und hohen Privatpersonen durch Zuschriften, dem Clerus
und Volk durch einen Hirtenbrief seinen warmen Dank auszu=
sprechen. In den drei letzten Tagen der Charwoche sehnte er
sich mit besonders freudiger Erwartung nach dem Alleluja des
Ostertages. Seine Seele ahnte wohl die Klänge des ewigen
Halleluja! Kräftig las er noch am Osterfeste in seiner Hauskapelle
die heilige Messe, die letzte in seinem Leben.

Am Nachmittag klagte er schon über leisen Frost, der sich
am Abend zum heftigen Schüttelfrost steigerte und ihn in's Bett
zwang. Hier brach die Krankheit sofort mit aller Gewalt aus,
starkes Erbrechen und heftiges Stechen im linken Lungenflügel
stellte sich ein. Mit frommer Ergebung ertrug der hohe Greis
die heftigen Schmerzen, bezeichnete sich oft in inbrünstiger An=
dacht mit dem hl. Kreuzeszeichen, betete fast ohne Unterlaß mit
gefalteten Händen und rief immer wieder aus der Tiefe seiner
Seele: „O mein Gott und mein Herr! wenn du mich abrufest,

so erbarme dich meiner! Durch dein bitteres Leiden erbarme dich meiner!"

Am Ostermontag nach 8 Uhr legte er dem eben als Fasten= prediger anwesenden Kapuziner P. Clarentius, welchem er erst am Charfreitag gebeichtet hatte, seine letzte Beicht ab und empfing sodann die heiligen Sterbsacramente aus der Hand seines getreuen Hofcaplans, des geistlichen Rathes Strehle.

Den ganzen Nachmittag lag der hohe Kranke still und mit geschlossenen Augen und am Abend trat sodann einige Ruhe ein, die auf Besserung hoffen ließ. Aber in der Nacht stellten sich wieder heftige Schmerzen ein und — um 1 Uhr 10 Minuten verschied der hohe Kranke — sanft und ruhig. Eine Lungen= lähmung hatte seinem großen Leben ein Ende gemacht.

Schmerzlich durchlief am andern Morgen die unerwartete Trauerkunde Stadt und Land und unablässig strömten zahllose Gläubige aus allen Ständen herbei, um zum letztenmale noch das Antlitz ihres treuen Oberhirten zu sehen, der auf dem Parade= bette in seinem Palais ausgestellt war.

In einem offenen, reichverzierten Sarg lag der Leichnam des verewigten Metropoliten mit den sämmtlichen Pontifical= gewändern angethan. In der linken Hand lag der Hirtenstab, den die Katholiken Frankreichs im Kirchenstreit ihm geschenkt hatten. Zu beiden Seiten des Katafalks knieten Tag und Nacht betend zwei Alumnen des theologischen Convicts. In der letzten Nacht ruhte der in einen Zinnsarg verschlossene Leichnam in der Hauscapelle, dem Lieblingsplätzchen des Verklärten.

Großartig war die Leichenfeier und die Beisetzung der Leiche am Vormittag des 17. April 1868; die Betheiligung aller Stände und Klassen war eine überaus zahlreiche. Auch zum Todes= gange des geliebten Oberhirten war der hochwürdigste Bischof von Mainz eingetroffen.

Fünfzehn Jahre lang hat dieser apostolische Kirchenfürst dem verewigten Metropoliten in der Verrichtung der bischöflichen Functionen im weiten Umfang der Erzdiöcese Aushilfe geleistet; fast alljährlich, in der letzten Zeit oft zweimal im Jahre, den greisen Erzbischof besucht; mit der innigsten Verehrung, wie sich dieses noch deutlich bei den Jubiläumsfestlichkeiten gezeigt, waren diese beiden Kirchenfürsten, die so verschieden in ihrer Natur waren, und die sich doch gegenseitig so vollkommen verstanden, einander zugethan. Der hochwürdigste Herr Bischof folgte daher nur dem innersten Drang seines Herzens, indem er zur Leichen= feier seines verewigten Metropoliten sich einfand. Erst des Morgens um 7 Uhr in Freiburg eingetroffen, las er um 8 Uhr in der erzbischöflichen Hauscapelle vor dem Sarge des hohen Verblichenen, zur Stunde, da dieser täglich celebrirte, die heilige Messe.

Ebenso waren die Vertreter des Großherzogs und des Königs von Württemberg wieder erschienen. Nach langer Feierlichkeit wurde erst gegen 12 Uhr der Sarg zur Gruft gebracht, welche im nördlichen Seitenschiffe des Münsters, unmittelbar vor der Abendmahlscapelle, zur Aufnahme der sterblichen Hülle des theuern Oberhirten bereitet war.

Beileidsbezeugungen über den Tod des berühmten Todten liefen von allen Seiten beim Metropolitancapitel ein. Wir wollen hier nur, zum Contrast unserer Tage, Worte aus dem Condolationsschreiben des preußischen Regierungspräsidenten in Sigmaringen mittheilen: „Die königl. preuß. Regierung hat die Genugthuung, **Dank den preußischen Gesetzen** und **Dank** auch dem freundlichen Entgegenkommen des verewigten Erzbischofs und dem in Hohenzollern herrschenden duldsamen Geist, stets in den freundlichsten Beziehungen mit dem erzbischöflichen Ordinariate unter den Auspicien des seligen Oberhirten gestanden zu haben; sie hofft auf die Fortdauer dieses schönen Verhältnisses, wodurch der Segen der Religion am erfolgreichsten gewahrt wird, auch für die Zukunft. Gottes Lohn wird dem hinübergegangenen Diener unseres Herrn und Heilandes geworden sein." —

Am meisten fühlte den Schmerz über das schnelle Hinscheiden des geliebten Oberhirten sein treuer Hofcaplan, der seit nahezu einem Vierteljahrhundert sein vertrauter Freund, seine bewährte Stütze und sein viel verfolgter und viel verkannter Mitarbeiter in allen wichtigern Angelegenheiten gewesen war.

So endigte im 95. Lebensjahre Hermann von Vicari, der große Erzbischof von Freiburg, der „Nestor" der katholischen Bischöfe, der Vorkämpfer kirchlicher Freiheit, der unbesiegte Hort des katholischen Rechts im Lande Baden! —

Erzbischof Hermann war ein kleiner, schmächtiger Mann, mit ausgeprägten, aber mild=freundlichen Gesichtszügen. Noch in seinem hohen Alter aber war er kräftig, lebhaft und so rüstig, daß er bis in die allerletzten Lebensjahre längere Fußreisen in die Hochgebirge der Schweiz, begleitet von seinem Neffen, dem Dompräbendar Fineisen, unternahm und bis zum Jahre 1867 in seiner Metropole die heilige Firmung und im Priesterseminar St. Peter die heiligen Weihen ertheilte.

Er war immer freundlich und heiter und liebte einen gutmüthigen Scherz. Er kam jedem Menschen mit ungesuchter Freundlichkeit entgegen und seine übergroße Höflichkeit entsprang seinem großen natürlichen Wohlwollen. Er war an Verstand und Wissen gar vielen tüchtigen Männern überlegen, aber er wußte es nicht, und seine innere Bescheidenheit erschien als eine Demuth, welche mit seiner hohen Stellung in eigenthümlichem Gegensatze stand, und jeden sogenannten Weltmann in Verlegenheit brachte. Die Achtung, mit welcher er die Meinungen An-

derer hörte, und die Bescheidenheit, mit der er seine eigene aus=
sprach, hat Manchen getäuscht, der den starken Charakter des
Greisen nicht kannte. Als kurz vor seinem Tode von beredtem
Munde, im Gegensatz zu den gehässigen Anschuldigungen der
Tagespresse, auf seine große Liebe, Milde und Versöhnlichkeit
hingewiesen ward, erklärte er in rührender Einfachheit: „Das
verdiene ich nicht, das besteht nur in der guten Meinung, die
Sie von mir hegen, für die ich Ihnen von Herzen danke. Bald
werde ich vor dem Richterstuhle Gottes erscheinen und wünsche
ich nur, ein barmherziges Gericht zu erfahren."

Der Erzbischof Hermann war mit reinem Herzen geboren,
und die Erfahrungen von 95 Jahren haben diese Unschuld nicht
gestört. Einer seiner Mitstudenten in Wien sagte von ihm:
„Hermann hat als Student wie ein Engel im Fleische gelebt."

Er glaubte an die Menschen, liebte ohne Haß und miß=
traute Niemanden; er faßte die Verhältnisse des Lebens, die
Verwickelungen des menschlichen Verkehrs fast kindisch auf und
beurtheilte das weltliche Streben und Verlangen mit naiver
Einfachheit eines Kindes.

Er wußte von keiner Unduldsamkeit, und wenn er glaubte,
daß nur in der katholischen Kirche das Heil der Seele zu finden sei,
so konnte er nur beten, daß die Gnade Gottes die Irrenden er=
leuchte. Von den vielen Protestanten, die mit ihm verkehrten,
hat gewiß keiner den geringsten Unterschied der Behandlung er=
fahren.

Daß es Menschen geben könne, die gar keinen Glauben haben,
das wollte der alte Mann nimmer begreifen. „Gott ist meine
Stärke, der katholische Glaube meine Liebe" war seine Devise.
Mäßig, fast ohne Bedürfnisse, machte der Erzbischof keinen Auf=
wand, eine Kleinigkeit machte ihm Freude, er hatte keine eigent=
liche Liebhaberei, wenn nicht für seinen Garten und für seine
Blumen, die ihn gar wenig kosteten. Der größte Theil seines
Einkommens gehörte den Armen; sein Haus war eine Zuflucht
der Bedürftigen, er selbst spendete das Almosen, ohne zu fragen,
wer der Bittende sei. Ganze Familien, nicht bloß Einzelne,
hat er vom Untergang gerettet. Geben war ihm „Lust und
Wonne".

Manchmal erhielt der oder jener Pfarrer auf dem Schwarz=
walde Geld zugeschickt vom Erzbischof für den oder jenen Orts=
armen, wobei der erstaunte Pfarrer nicht begreifen konnte, wie
der gute Oberhirte die Noth und Armuth des Betreffenden er=
fahren habe.

Der Erzbischof Hermann war ein frommer Mann, seine
Frömmigkeit war ein tief inneres Bedürfniß seiner Seele; sein
Glauben an die Offenbarung war so lebendig, als unerschütter=
lich. Was über ihn kam, er nahm es als eine höhere Fügung,
und darum störte es ihn nicht. Als er glaubte, verhaftet zu

werden, legte er in heiterer Ruhe seine Bedürfnisse selbst zu=
recht, um sogleich bereit zu sein, wenn man ihn rufe. Traf ihn
etwas recht Schmerzliches, so flüchtete er in seine Hauscapelle
und bald kehrte er heiter und freundlich zurück.

Ganz anders erschien der hohe Greis, wenn er sich als
Kirchenfürst zeigte. Wenn er feierlich in seine Metropolitan=
kirche einzog, oder den Gottesdienst in der Pracht des erzbischöf=
lichen Ornates verrichtete, so war eine unglaubliche Würde in
seinem Wesen; man erkannte den kleinen demüthigen Greis nicht
mehr, und wenn er feierlich den Segen sprach über seine Ge=
meinde, so hörte man keinen Athemzug, und wer nicht auf die
Kniee fallen wollte, mußte sich's fest vornehmen.

Daß sein hohes Kirchenamt ihm von Gott übertragen sei,
um dereinst darüber Rechenschaft abzulegen, wie er es verwaltet
habe, dieser Gedanke verließ ihn niemals, er war ihm gegen=
wärtig bei der kleinsten wie bei der größten seiner Handlungen.
Der Erzbischof von Freiburg war kein Mann des raschen Ent=
schlusses, er überlegte lange, und niemals hat er eine bedeutende
Handlung beschlossen, ohne daß dem Beschluß ein inbrünstiges
Gebet voranging; hatte er aber einmal sich entschieden, so konnte
keine weltliche Rücksicht ihn anders bestimmen.

Er war dem Großherzog Leopold mit inniger Liebe ergeben.
Sein Wahlspruch während der Revolutionszeit, wo zahlreiche
Beamte ihren Diensteid brachen, war: „Treu meiner Kirche und
meinem Großherzog bis in den Tod." Aber gleichwohl versagte
er dem gestorbenen Fürsten das Traueramt, weil die Gesetze
der Kirche es verboten. Er kannte die Verfassung der katho=
lischen Kirche nach ihrer ganzen Entwicklung und in all' ihren
Einzelnheiten. Er war kein glänzender Geist wie z. B. der
Bischof von Mainz, aber er war der beste Canonist und der ge=
wandteste Geschäftsmann in seinem Capitel.

Alles, was manche von fremden Einwirkungen reden, ist
grundfalsch; wo Rechte der Kirche in Frage stunden, wo es die
Verwaltung eines Amtes betraf, war der 90 jährige Greis so
selbstständig in seinem Urtheil, als irgend ein Mann. Er hat
seine Festigkeit oft bewiesen, wenn hohe Herren zu ihm kamen,
um ihn umzustimmen. Sie hatten da Gelegenheit, zu sehen,
daß der Erzbischof fest und selbstständig genug sei und keiner
Camarilla bedürfe.

Die Bischöfe seiner Provinz verehrten ihn wie einen Heiligen,
und er liebte sie wie seine Brüder. Die Geistlichen seiner Diöcese
behandelte er wie seine Söhne, er forderte keine äußere Unter=
würfigkeit, keine demüthigenden Formen, sie waren ihm unbe=
haglich. Seine Geistlichen verkehrten frei und ungezwungen mit
ihm, und er beurtheilte mild ihre menschlichen Schwächen. Wo
aber ihr Beruf und ihre Stellung als Priester berührt ward,
da begegneten sie dem Ernste des Bischofs.

In die Welthändel mischte sich der Erzbischof nicht; sie lagen ihm ferne. Daß die Kirche die Menschen zu Gott zurück= führen müsse, um die Schäden der Gesellschaft zu heilen; daß die Kirche ihre Rechte erhalten müsse, um die wahre Freiheit zu begründen: das war sein politischer Gedanke. „Nur wer ihn genau kennt", sprach der hochwürdige Bischof von Mainz in seiner Jubiläumspredigt, „kann beurtheilen, wie überaus schwer seinem liebevollen Herzen jeder Kampf ist. Sein ganzes Herz zieht ihn zum Frieden und in seiner ganzen Diöcese ist gewiß keiner, der freudiger und aufrichtiger der weltlichen Obrigkeit die Ehre und den Gehorsam, der ihr gebührt, gewährt, wie der Erzbischof selbst. Wenn er dennoch kämpft, so muß er es als treuer Hirt seiner Heerde; und er thut es mit dem vollen Be= wußtsein, daß er in seinem 95. Jahre bald vor dem Throne des guten Hirten erscheinen muß, der für seine Heerde das Leben dahin gegeben hat."

Wenige Wochen später und das Letztere hatte sich erfüllt!

Das war der Erzbischof von Freiburg, dessen leuchtendes Vorbild den Priestern und Gläubigen nicht bloß seiner Erz= diöcese, sondern ganz Deutschland unvergeßlich bleiben und namentlich in dem großen Kampfe unserer Tage voranleuchten soll als das Bild eines muthigen, standhaften Bekenners und eines im Kampfe unbesiegten Helden.

Eine Ehrenschuld aber haben die Katholiken Deutschlands noch Alle abzutragen! Noch steht kein Standbild des großen Erzbischofs an der Stätte, wo er gelitten und gestritten, noch steht kein Denkmal[1]), das der Nachwelt in Stein und Erz verkünde: „Das war Hermann von Vicari, Erzbischof von Frei= burg!"

Möchten darum alle Katholiken im deutschen Reiche dazu beitragen, damit recht bald ein des großen Mannes würdiges Denkmal einer spätern Zeit verkünde, wie wir, seine Zeitgenossen, unserer großen Kirche große Männer geehrt haben!

---

[1]) Zwar hat sich zu diesem Zwecke bereits im Jahre 1869 in Freiburg ein Comité gebildet und der hochwürdigste Bisthumsverweser in einem Auf= ruf zu Beiträgen eingeladen. Es sind auch ansehnliche Summen eingegangen, aber immer noch zu wenig, um ein dem großen Manne entsprechendes Monu= ment zu errichten. Möchte das Comié in der „Germania" einen neuen Apell erlassen. Die Zeit ist günstig!